Frederic Friedrichs

Immobilieneigentum
in Zeiten der Niedrigzinspolitik

Friedrichs, Frederic: Immobilieneigentum in Zeiten der Niedrigzinspolitik, Hamburg, Bachelor + Master Publishing 2016
Originaltitel der Abschlussarbeit: Investitionsentscheidung in Wohnimmobilieneigentum als Renditeobjekt unter Berücksichtigung der Mietsituation im Ballungsraum Frankfurt

Buch-ISBN: 978-3-95993-041-3
PDF-eBook-ISBN: 978-3-95993-541-8
Druck/Herstellung: Bachelor + Master Publishing, Hamburg, 2016
Zugl. Hochschule RheinMain, Wiesbaden, Deutschland, Bachelorarbeit, Juni 2016

Bibliografische Information der Deutschen Nationalbibliothek:
Die Deutsche Nationalbibliothek verzeichnet diese Publikation in der Deutschen Nationalbibliografie; detaillierte bibliografische Daten sind im Internet über http://dnb.d-nb.de abrufbar.

© Bachelor + Master Publishing, Imprint der Diplomica Verlag GmbH
Hermannstal 119k, 22119 Hamburg
http://www.bachelor-master-publishing.de, Hamburg 2016
Printed in Germany

I Inhaltsverzeichnis

II Abbildungsverzeichnis

III Tabellenverzeichnis

IV Abkürzungsverzeichnis

S.	Seite
&	und
ebd.	ebenda
bspw.	beispielsweise
bzw.	beziehungsweise
z. B.	zum Beispiel
i. d. R.	in der Regel
zzgl.	zuzüglich
ca.	circa
u. a.	unter anderem
EZB	Europäische Zentralbank
u. ä.	und ähnliches
etc.	et cetera
Frankfurt	Frankfurt am Main

1 Einleitung

Die Erstellung dieser Bachelorarbeit mit dem Titel „Investitionsentscheidung in Wohnimmobilieneigentum als Renditeobjekt unter Berücksichtigung der Mietsituation im Ballungsraum Frankfurt" fand innerhalb des Studiengangs Immobilienmanagement im Fachbereich Architektur- und Bauingenieurwesen an der Hochschule RheinMain statt.

1.1 Ausgangslage und Problemstellung

Die niedrigen Kapitalmarktzinsen und die Eurokrise haben dazu geführt, dass Kapitalanleger ihr Geld in immer stärkerem Maße in deutsche Wohnimmobilien investieren. Aufgrund der aktuellen Zinspolitik der Europäischen Zentralbank ist zu erwarten, dass dieser Trend sich weiter verstärkt, da Anlegern Strafzinsen auf Sparguthaben drohen und Immobilieninvestitionen als sichere Alternative erscheinen. In einem Zeitungsartikel mit dem Titel „Häuserpreise können explodieren", der im März 2016 in der Taunus Zeitung erschienen ist, warnt der Commerzbank-Chefvolkswirt Jörg Krämer vor einer Immobilienblase in Deutschland aufgrund der Leitzinssenkung der Europäischen Zentralbank (dpa, 2016). Dieser Artikel beschreibt den Kern der Thematik. Der Investitionstrend in deutsche Wohnimmobilien, der in den letzten Jahren bereits zu beobachten war, wird sich durch die erneute Leitzinssenkung auf 0,00 Prozent noch weiter verstärken und die Immobilienpreise aufgrund der hohen Nachfrage bei gleichzeitiger Wohnungsknappheit weiter steigen lassen. Es stellt sich die Frage, ob die hohen Kaufpreise noch im Verhältnis zu den Mieten stehen oder ob eine Investition in Wohneigentum zum jetzigen Zeitpunkt bereits unrentabel für Investoren ist.

Die Beurteilung dieser Frage beschränkt sich innerhalb dieser Arbeit auf den Immobilienmarkt im Ballungsraum von Frankfurt am Main.

1.2 Bearbeitungsmethodik

Die vorliegende Arbeit untersucht die aufgeworfene Frage in vier Schritten. Im ersten Schritt erfolgt zunächst eine Aufarbeitung der grundlegenden Theorie. So werden in Kapitel 2 die Themengebiete der Definition und der Identifikation von Preisblasen dargestellt, um daraus folgende Erkenntnisse für spätere Schlussfolgerungen zu der aktuellen Marktsituation zu nutzen. Kapitel 3 gibt Aufschluss über die Möglichkeiten zur Beurteilung einer Investition in Form von Darstellung der verschiedenen Rechenverfahren. Nach einem Überblick über die existierenden Investitionsrechenverfahren erfolgt innerhalb dieses Kapitels die Festlegung auf eines der Verfahren unter Abwägung der Vor- und Nachteile sowie des Zusammenhangs zu der zu untersuchenden Marktsituation.

Im zweiten Schritt beschäftigt sich Kapitel 4 mit der Auswertung der aus Immobilienmarkt-berichten renommierter Maklerhäuser und Institutionen entnommenen Daten. Es erfolgt eine kurze Darstellung der örtlichen Gegebenheiten von Frankfurt am Main mit dem Schwerpunkt als Standort von Wohnimmobilieneigentum. Des Weiteren wird die Preisentwicklung von Wohnimmobilien im Stadtgebiet zwischen den Jahren 2011 bis 2015 dargestellt, wobei auch die unterschiedliche Entwicklung einzelner Stadtteile beleuchtet wird. Zusätzlich wird mit der Mietpreisbremse eine Möglichkeit der staatlichen Einflussnahme auf das Marktgeschehen erläutert. Abgeschlossen wird Kapitel 4 mit einem Einblick in die aktuell herrschende Markt-situation in Frankfurt.

Schritt 3 verbindet die Grundlagenforschung zum Gebiet der Investitionsrechenverfahren mit den ausgewerteten Marktdaten des Ballungsraums. Mit Hilfe der vorliegenden Daten und des festgelegten Investitionsrechenverfahrens werden mehrere stichprobenartige Rechnun-gen vorgenommen. Dabei wird darauf geachtet, dass die Rechnungen jeweils exemplarisch für Anlageoptionen an verschiedenen Standorten sowie zu unterschiedlichen Investitions-zeitpunkten sind. Die Ergebnisse werden interpretiert und dienen als Grundlage für den letzten Schritt.

Der vierte und letzte Schritt der Bearbeitungsmethodik dieser Bachelorarbeit besteht in der zusammenfassenden Schlussfolgerung aus den durchgeführten Untersuchungen. Die zen-tralen Ergebnisse dieser Arbeit werden hier zusammengetragen und ein Fazit In Bezug auf die Gefahr einer Preisblase sowie die Angemessenheit der Kaufpreise daraus gezogen. Abschließend erfolgt ein Ausblick auf mögliche zukünftige Veränderungen der Marktsituation und eine Handlungsempfehlung für potenzielle Investoren unter Beachtung verschiedener Rahmenbedingungen.

2 Preisblasen

Zu Klärung der Kernfrage dieser Arbeit, ob die Konditionen für eine Investition in Wohneigentum zum derzeitigen Zeitpunkt rentabel sind, ist es notwendig, die grundlegenden Beurteilungsparameter zu kennen. Hierzu wird im ersten Schritt die Gefahr einer Preisblase in der aktuellen Immobilienmarktsituation beleuchtet. Im Verlauf dieser Analyse wird dazu zunächst auf die Definition von Preisblasen eingegangen sowie die Möglichkeiten zur Erkennung von Preisblasen dargestellt. Die daraus gewonnenen Erkenntnisse werden für die Beurteilung der Rentabilität von Investitionsentscheidungen mit Bezug zur aktuellen Situation genutzt.

2.1 Definition einer Preisblase

Auf Grundlage der ausgewerteten Literatur wurde deutlich, dass sich bis heute nicht auf eine einheitliche wissenschaftlich fundierte Definition einer Preisblase geeinigt werden konnte, die in Wirtschaftskreisen Anerkennung findet. Ungehindert dessen wird im folgenden Kapitel ein Definitionsansatz einer Preisblase erläutert, der in Anlehnung an die von Hans-Hermann Francke und Heinz Rehkugler im Jahr 2011 als zweite Auflage im Franz Vahlen Verlag erschienene Publikation, unter Einbeziehung verschiedener Werke anderer Autoren, die vorherrschende Meinung von Wirtschaftswissenschaftlern darstellt.

Der Begriff Preisblase steht als Sinnbild für eine Seifenblase, die solange wächst bis sie auf Grund ihrer Instabilität zu zerplatzen droht (Heri, 1986, S. 99). Übertragen auf wirtschaftliche Zusammenhänge wird hier das starke Ansteigen von Preisen und ihr anschließender Verfall beschrieben (Stiglitz, 1990, S. 13). Diese beiden aufeinander folgenden Phänomene werden in der Literatur häufig als „Boom" mit anschließendem „Bust" bezeichnet (Francke & Rehkugler, 2011, S. 163).

Beobachtet man das Kursverlaufsmuster eines Anlagegutes, bei dem ein rasanter Kursanstieg zu verzeichnen ist, könnte man die Entwicklung einer Preisblase unterstellen. Diese Sichtweise ist allerdings zu vereinfacht, da dabei mögliche Veränderungen auf dem Marktumfeld außer Acht gelassen werden. Liegen diese vor, so kann es sich bei dem abrupten Ansteigen der Preise durchaus um einen „Anpassungsprozess an ein neues, verändertes Marktgleichgewicht" (ebd.) und nicht um die Entwicklung hin zu einer Preisblase handeln.

Als Schlussfolgerung aus dieser Erkenntnis ist die Beschreibung einer Preisblase, wie eben erfolgt, nicht ausreichend, da wesentliche Faktoren unberücksichtigt bleiben.

Innerhalb der Wirtschaftswissenschaft hat sich vor diesem Hintergrund ein Ansatz für die Erklärung von Preisblasen entwickelt, der dem Leitgedanken folgt, dass ein Abweichen des aktuellen Preises eines Vermögensgegenstandes von seinem so genannten fundamental gerechtfertigten Wert vorliegen muss (ebd.).

Bei dem fundamentalen Wert handelt es sich um einen Wert, „den ein rational handelnder Anleger unter Berücksichtigung aller öffentlich verfügbaren und relevanten Informationen für ein Vermögensgut bezahlen würde" (ebd., S. 164).

Dem fundamentalen Wert gegenüber steht der Marktpreis, der sich auf Grundlage des Zusammenspiels von Angebot und Nachfrage generiert. Der Marktpreis wird zusätzlich zu den rationalen Gesichtspunkten von persönlichen Empfindungen des individuellen Ver- brauchers beeinflusst. Wenn der Marktpreis eines Anlagegutes über einen längeren Zeit- raum oberhalb des rational begründbaren Wertes liegt, wird das Existieren einer Preisblase angenommen. Unterschieden wird hierbei zwischen positiven und negativen Preisblasen. So liegt eine negative Preisblase entgegengesetzt zu der bereits dargestellten Situation vor, wenn sich der Marktpreis längerfristig deutlich unter dem Wert, der rational zu begründen ist, bewegt (ebd.).

Zusammenfassend spielt also der rational denkende Mensch, der als Investor einen an- gemessenen Betrag für ein bestimmtes Anlagegut zu zahlen bereit ist, die entscheidende Rolle bei der Erkennung von Preisblasen.

So ist anzunehmen, dass bei Vorliegen einer Preisblase die Nachfrage mittelfristig nachlässt, wenn der Investor über genügend Informationen verfügt, um überhöhte Preise erkennen zu können. In Folge der sinkenden Nachfrage sollten sich die Preise in einem funktionierenden Markt dann wieder auf ein angemessenes Niveau zurück bilden.

Obgleich, wie eingangs erwähnt, keine einheitliche wissenschaftliche Definition einer Preis- blase existiert, wird die dargestellte Sichtweise als derzeit gängige Grundlage für Erklärungs- ansätze verwendet.

2.2 Identifikation von Preisblasen

Zur Identifikation einer Preisblase reicht die in Kapitel 2.1 dargestellte Sichtweise allerdings nicht aus, denn diese beschränkt sich ausschließlich auf die subjektive Wahrnehmung des Investors. Da dessen Entscheidung auch irrationale Gründe haben kann, ist es notwendig, zusätzlich das Marktumfeld eines Anlagegutes zu untersuchen, also Bezug zu den rational begründbaren Faktoren einer Preisentwicklung herzustellen (Francke & Rekkugler, 2011, S. 178). Die Kennzahlen- und die Kointegrationsanalyse gelten als die zentralen Verfahren für diese Bezugnahme (ebd., S. 179).

2.2.1 Kennzahlenanalyse

Das Verfahren der Kennzahlenanalyse ermöglicht die Beurteilung einer Preisblasenbildung auf der Grundlage von konkreten Verhältniszahlen.

Bei dieser Methode werden Marktpreise ins Verhältnis zu rationalen Faktoren wie bspw. Mieten, Einkommen oder Wiederbeschaffungskosten gesetzt. Durch diese Verfahrensweise entstehen aussagekräftige Messparameter in Form von Kennzahlen (Francke & Rehkugler, 2011, S. 179).

Es existieren verschiedene Kennzahlen, die allesamt die Preise für Vermögensgüter im Verhältnis zu jeweils unterschiedlichen Faktoren darstellen. Für die Beurteilung dieser Kennzahlen wird sich an Durchschnittswerten orientiert, deren Über- bzw. Unterschreiten das Bestehen einer Preisblase andeuten kann (ebd.).

So ist es bspw. möglich, die Erschwinglichkeit von Wohneigentum zu messen, indem die Immobilienpreise ins Verhältnis zum Pro-Kopf-Einkommen gesetzt werden (Brauers, 2011, S. 9). Liegt die resultierende Kennzahl längerfristig über dem durchschnittlichen Wert, kann dies ein Anzeichen für einen überhitzten Markt sein (Weicher, 1977, S. 209f).

In der Literatur wird der „mean-reverting"-Prozess beschrieben, der davon ausgeht, dass Zyklen existieren, innerhalb derer das kurzfristige Abweichen von den Durchschnittswerten und die zeitnahe Rückkehr zu diesen Werten stattfindet. Kehren diese Werte über einen längeren Zeitraum nicht zu ihren Durchschnittswerten zurück, wird eine bestehende Preisblase unterstellt (Francke & Rehkugler, 2011, S. 179).

Auf die detaillierte Darstellung der verschiedenen Kennzahlen wird an dieser Stelle verzichtet. Das System der Kennzahlenanalyse wird auf Grundlage der oben aufgeführten Erläuterungen deutlich. Eine weiterführende explizite Darstellung der Funktionsweise der Kennzahlenermittlung würde mit Bezug zu der eigentlichen Kernfrage dieser Arbeit zu weit führen. Davon abgesehen ist die Funktionsweise bei der Ermittlung der einzelnen Kennzahlen immer ähnlich. Wie bereits ausgeführt, werden verschiedene Faktoren ins Verhältnis zu einer Aus-gangsgröße gesetzt, um so eine beurteilungsfähige Verhältniszahl zu erhalten.

2.2.2 Kointegrationsanalyse

Neben der Kennzahlenanalyse existiert mit der Kointegrationsanalyse eine weitere Möglich-keit zur Identifikation von Preisblasen, bei der jedoch die Beziehung unterschiedlicher Einflussfaktoren zueinander im Mittelpunkt der Betrachtung steht. Eine Kointegrations-analyse beschreibt den Zustand eines langfristigen Gleichgewichts zwischen eben diesen Faktoren. Kurzfristige Gleichgewichtsschwankungen werden bei dieser Methode als vorüber-gehend angesehen und unterliegen einer automatischen Pendelwirkung. Pendelt sich diese Beziehung auf langfristige Sicht ohne rationale Begründung nicht wieder ein, liegt eine Störung der Kointegration vor, was auf das Vorhandensein einer Preisblase hindeutet (Francke & Rehkugler, 2011, S. 186).

Beispielhaft kann man hier die Beziehung von Kaufpreisen und Mieteinnahmen betrachten. Steigen die Kaufpreise für Wohnimmobilien im Verhältnis zu den erzielbaren Mieten so stark an, dass dafür keine rationale, wirtschaftlich begründbare Erklärung vorliegt, kann von dem Bestehen einer Preisblase ausgegangen werden (ebd., S. 187).

2.2.3 Weitere Identifikationsmöglichkeiten

Die beiden erläuterten Verfahren stellen nur einen Bruchteil der Identifikationsmöglichkeiten von Preisblasen dar. Weitere Identifikationsmöglichkeiten von Preisblasen auf Immobilien-märkten sind vor allem Barwertmodelle, bei denen eine Preisblase geschlussfolgert wird, wenn das aktuelle Preisniveau deutlich von dem errechneten, realistischem Wert des Wohnimmobilienmarktes abweicht. Neben der Nutzung von Barwertmodellen ist eine Preis-blase auch anhand der Nachvollziehbarkeit von schwankenden Vermögenspreisen aufgrund von erwarteten Einnahmen identifizierbar. Dazu werden Ober- und Untergrenzen festgelegt und diese mit tatsächlich existierenden Werten abgeglichen. Wird eine dieser Grenzen durchbrochen, ist eine Preisblase zu vermuten (Francke & Rehkugler, 2011, S. 187).

Von der detaillierten Darstellung weiterer Verfahren wird abgesehen, da diese zwar noch andere Faktoren heranziehen, die prinzipielle Methode aber stets ähnlich ist. Wird ein Schwellenwert unter- oder überschritten, identifiziert man die Marktsituation als negative oder positive Preisblase.

3 Investitionsrechenverfahren

Zweck einer Investitionsrechnung ist die zukunftsbezogene Begründung einer Investitions-entscheidung durch Überprüfung von Gewinn-, Rendite- oder Amortisationszielen auf ihre Vorteilhaftigkeit (ter Horst, 2009, S. 34).

Zusätzlich soll mit Hilfe von Investitionsrechnungen die Möglichkeit zur Vergleichbarkeit von Immobilien als Kapitalanlage und alternativen Kapitalanlageoptionen wie Wertpapieren oder Unternehmensbeteiligungen geschaffen werden (Gondring, 2013, S. 641).

Ein Teil der Rechenverfahren bietet sich dabei für die Analyse der Vorteilhaftigkeit einzelner Investitionen an, während anhand anderer Verfahren das Gegenüberstellen ausschlag-gebender Kennzahlen unterschiedlicher Investitionsalternativen möglich wird. Rationale Faktoren wie Ein- und Auszahlungen sowie Leistungen und Kosten eines Anlageobjektes dienen dabei als Grundbausteine auf dem Weg zu einer fundierten Investitionsrechnung (Schulte, 2007, S. 35).

Die Investitionsrechenverfahren bilden zwei Gruppen, die einen grundlegenden Unterschied in Ihrer Herangehensweise aufweisen. So existieren auf der einen Seite die statischen Ver-fahren, die sich mit Ausnahme der Amortisationsrechnung auf die Betrachtung von Investitionszeiträumen für einzelne Perioden beschränken. Auf der anderen Seite stehen die dynamischen Verfahren, die eine Investitionsoption über den gesamten Zeitraum ihrer Lauf-zeit prüfen (ebd., S. 36). Das Ziel beider Verfahrensgruppen ist die Ermittlung der Vorteil-haftigkeit einer Investition im Einzelnen bzw. mehrerer Investitionsalternativen untereinander (Gondring, 2013, S. 641).

statische Verfahren	Investitionsrechenverfahren	dynamische Verfahren
Kostenvergleichsrechnung		Kapitalwertmethode
Gewinnvergleichsrechnung		Endwertmethode
Rentabilitätsrechnung		Annuitätenmethode
Amortisationsrechnung		Interne Zinsfußmethode
		Amortisationsrechnung

Abbildung 1: Übersicht Investitionsrechenverfahren (Schulte, 2007, S. 37)

3.1 Statische Verfahren

Die wesentlichen Merkmale von statischen Verfahren begründen sich in der Verwendung von durchschnittlichen Leistungs- und Kostengrößen sowie der Betrachtung nur eines bestimmten aussagenkräftigen Zeitraums der Gesamtinvestitionsdauer, der als repräsentativ für die gesamte Laufzeit angenommen wird (Schulte, 2007, S.39).

I. d. R. werden als Grundlage der statischen Berechnungsmodelle die Zahlen eines repräsentativen Jahres in Form von Durchschnittswerten ausgewählt. Im Weiteren unterstellt man eine Kontinuität dieser Werte in allen Nutzungsjahren (ter Horst, 2009, S. 37).

Zu den klassischen statischen Verfahren zählen im Einzelnen die Kostenvergleichsrechnung, die Gewinnvergleichsrechnung, die Rentabilitätsrechnung und die Amortisationsrechnung (Schulte, 2007, S.39), deren Funktionsweisen im Folgenden detailliert erklärt werden.

3.1.1 Kostenvergleichsrechnung

Die Kostenvergleichsrechnung ist eine Methode zur tabellarischen Gegenüberstellung mehrerer Investitionsobjekte, in die alle Kosten einer repräsentativen Periode, die in Verbindung mit den jeweiligen Objekten entstehen, einfließen. Zweck dieser Betrachtung ist die Identifikation des Anlageobjektes mit den geringsten Kosten (ter Horst, 2009, S. 106).

Erzielbare Erlöse werden außer Acht gelassen und somit eine Gleichwertigkeit dieser für alle Investitionsalternativen unterstellt (Gondring, 2007, S. 643). Im Einzelnen sind folgende Kostenarten für die Kostenvergleichsrechnung heranzuziehen (Schulte, 2007, S.40):

- Kalkulatorische Abschreibungen ⎫
- Kalkulatorische Zinsen ⎬ = Kapitalkosten
- Personalkosten
- Fertigungsmaterialkosten
- Energiekosten
- Werkzeugkosten ⎬ = Betriebskosten
- Raumkosten
- Instandhaltungs- und Reparaturkosten
- Betriebsstoffkosten

Hierbei ergeben sich die Kapitalkosten aus der Summe von kalkulatorischen Abschreibungen und kalkulatorischen Zinsen, während die restlichen Kostenarten die Betriebskosten darstellen (ebd.).

Die Kostenvergleichsrechnung erfolgt i. d. R. nicht mit Hilfe eines Gesamtkosten- sondern eines Stückkostenvergleichs, da ein Gesamtkostenvergleich nur dann Sinn macht, wenn die kostenverursachenden Leistungen aller Anlageobjekte sich gleichen (Mindermann, 2015, S. 6).

Im ersten Schritt der Kostenvergleichsrechnung ist es zunächst notwendig, die Kapitalkosten einer Investition, also die kalkulatorischen Zinsen sowie die kalkulatorischen Abschreibungen zu ermitteln.

Die Formel zur Berechnung der kalkulatorischen Zinsen lautet wie folgt, wobei der Kapitalbindungsverlauf als kontinuierlich angenommen wird (ebd.):

$$Kalk. Zinsen = i \, x \, \frac{A_0 + RW_n}{2}$$

i = Kalkulationszinssatz
A_0 = Anschaffungskosten
RW_n = Restwert (am Ende der Nutzungsdauer)
n = Nutzungsdauer

Der Restwert des Anlagegutes wird dabei innerhalb der aufgeführten Gleichung nur berücksichtigt, sofern dieser höher als null ist (ebd.).

Um die kalkulatorischen Abschreibungen zu ermitteln, wird folgende Berechnung angestellt (ebd.):

$$Kalk. Abschreibung = \frac{A_0 - RW_n}{n}$$

Das Ergebnis dieser Berechnung stellt den Wert der durchschnittlichen jährlichen Abschreibungssumme dar. Der Ermittlung der kalkulatorischen Abschreibung liegt die Annahme eines kontinuierlichen Wertverlustes des Investitionsobjektes zu Grunde. Vor diesem Hintergrund dient die lineare Abschreibung als Grundlage der Berechnung (Gondring, 2013, S. 643). Die Aussage zum Restwert des Anlageobjekts gilt dabei analog zur Ermittlung der kalkulatorischen Zinsen (Mindermann, 2015, S. 6).

Nach der Ermittlung der kalkulatorischen Zinsen und der kalkulatorischen Abschreibungen können diese für eine tabellarische Vergleichsrechnung mehrerer Investitionsalternativen verwendet werden.

Für die Eignung des Verfahrens zur Klärung der Kernfrage dieser Arbeit ist anzumerken, dass die Beschränkung auf die Betrachtung der Kosten als kritisch anzusehen ist. Die mögliche Rentabilität einer Investition bleibt auf diese Weise völlig unberücksichtigt. Auch die periodische Herangehensweise lässt zu viel Spielraum für Ungenauigkeiten (Schulte, 2007, S. 51).

Zusammenfassend ist festzuhalten, dass die Kostenvergleichsrechnung ausschließlich zur Identifikation des kostengünstigsten Anlageobjektes dienen kann. Ob die Kosten durch die erzielbaren Erlöse erwirtschaftet werden, kann jedoch mit dieser Methode nicht ermittelt werden (Gondring, 2013, S. 644).

3.1.2 Gewinnvergleichsrechnung

Die Gewinnvergleichsrechnung baut auf dem Prinzip der Kostenvergleichsrechnung auf, berücksichtigt jedoch zusätzlich zu den Kosten auch die Gewinne einer Investition (Gondring, 2013, S. 644).

Dieses Verfahren ist immer dann der Kostenvergleichsrechnung vorzuziehen, wenn Investitionsobjekte mit unterschiedlich hohen Erlösen betrachtet werden sollen (Schulte, 2007, S. 52) oder wenn die Gewinnwirkung eines Objektes zusätzlich zur Kostenfrage von Interesse für den Investor ist (ter Horst, 2009, S. 113).

Vorteil der Gewinnvergleichsrechnung ist, dass diese die Möglichkeit gibt, neben einem Vergleich mehrerer Alternativen auch eine einzelne Investitionsoption zu beurteilen, in dem man einen möglichen Gewinn bzw. Verlust der jeweiligen Einzelinvestition prüft. Beim Vergleich mehrerer Objekte ist der höchste durchschnittliche Gewinn ausschlaggebend (Mindermann, 2015, S. 8).

Das Verfahren der Gewinnvergleichsrechnung ist bei Investitionen mit unterschiedlich hohen Geldeinlagen und unterschiedlichen Projektlaufzeiten als Entscheidungsgrundlage nicht absolut zuverlässig, da die Betrachtung sich stets nur auf eine Periode bezieht und so der Totalgewinn mit möglicherweise unterschiedlich hohen Kapitaleinsätzen am Ende der Investitionslaufzeit außer Acht gelassen wird (Mindermann, 2015, S. 9).

Außerdem ist zu erwähnen, dass eine Prüfung der Rentabilität einer Investition mit diesem Verfahren nicht möglich ist, da man lediglich den absoluten Gewinn einer Investition betrachtet und die Verzinsung des eingesetzten Kapitals unberücksichtigt lässt (Schulte, 2007, S. 59).

3.1.3 Rentabilitätsrechnung

Während bei der Kostenvergleichsrechnung sowie bei der Gewinnvergleichsrechnung keine Rentabilitätsprüfung vorgenommen wird, stellt dieser Punkt bei dem Verfahren der Rentabilitätsrechnung das entscheidende Merkmal dar (Schulte, 2007, S. 66).

Bei der Rentabilitätsrechnung wird der periodische Gewinn eines Investitionsobjektes ins Verhältnis zu dem durchschnittlich gebundenen Kapital gesetzt. Diese Berechnungsweise bietet sich daher besonders bei Investitionen mit unterschiedlich hoher Kapitalbindung an (Gondring, 2013, S. 644).

Innerhalb der Rentabilitätsrechnung existiert sowohl die Netto- wie auch die Bruttorentabilität, wobei bei der Nettorentabilität die kalkulatorischen Zinsen bei der Gewinnermittlung abgezogen werden, während die Bruttorentabilität den Gewinn einschließlich der kalkulatorischen Zinsen darstellt (Mindermann, 2015, S. 9).

Für die Ermittlung der Nettorentabilität findet folgende Formel Anwendung (ebd.):

$$Nettorent. = \frac{Gewinn - kalk.\,Zinsen}{\emptyset\, Kapitalbindung}$$

Die Bruttorentabilität wird hingegen mit folgender erweiterter Formel berechnet (ebd.):

$$Bruttorent. = \frac{Gewinn + kalk.\,Zinsen}{\emptyset\, Kapitalbindung}$$

Bei einer Nettorentabilität größer null spricht man von einer vorteilhaften Investition. Nach der Theorie der Bruttorentabilität ist eine Investition hingegen dann als vorteilhaft anzusehen, wenn die Bruttorentabilität größer als der Kalkulationszinssatz ist. Vergleicht man mehrere Investitionsalternativen, ist die Investition mit der höchsten Rentabilität zu wählen (ebd.).

Im Unterschied zur Gewinnvergleichsrechnung bietet die Rentabilitätsrechnung den entscheidenden Vorteil, dass das Investitionskapital ins Verhältnis zu den Gewinnrückflüssen gesetzt wird. Auf diese Weise wird für den Investor direkt ersichtlich, wie hoch seine Rendite ist (Schulte, 2007, S. 69).

Allerdings ist die Tauglichkeit dieser Methode zum Vergleich mehrerer Objekte untereinander aufgrund der unterschiedlichen Anschaffungskosten und Nutzungszeiten kritisch zu sehen, da Risiken späterer Gegebenheiten völlig unberücksichtigt bleiben (ter Horst, 2009, S. 125).

3.1.4 Statische Amortisationsrechnung

Bei der statischen Amortisationsrechnung steht die Amortisationsdauer im Fokus des Verfahrens. Die Amortisationsdauer stellt dabei den zeitlichen Rahmen dar, der bis zur Wiedergewinnung des eingesetzten Kapitals benötigt wird (ter Horst, 2009, S. 120).

Die Amortisationsrechnung ist das einzige statische Investitionsrechenverfahren, das die gesamte Nutzungsdauer eines Investitionsobjektes unter Einbeziehung der ursprünglichen Summe des eingesetzten Kapitals berücksichtigt. Alle anderen statischen Verfahren betrachten stets nur einen repräsentativen Zeitraum (Schulte, 2007, S. 73).

Innerhalb der Amortisationsrechnung existieren zwei Varianten der Vorgehensweise, die im Folgenden kurz dargestellt werden.

3.1.5 Durchschnittsmethode

Die Durchschnittsmethode ermittelt die Amortisationsdauer durch Division des Kapitaleinsatzes durch den durchschnittlichen jährlichen Einzahlungsüberschuss. Der Einzahlungsüberschuss ergibt sich aus der Addition der Gewinne mit der Summe der Abschreibungen des jeweiligen Jahres (Mindermann, 2015, S. 11).

Diese Methode ist in erster Linie dann sinnvoll, wenn die Einzahlungsüberschüsse der Investition über den gesamten Zeitraum hinweg gleich hoch sind und die Abschreibungsbeträge linear ermittelt werden. Sobald die Ausgangsgrößen zur Ermittlung der Amortisationsdauer festgestellt sind, können diese in die folgende Formel eingesetzt werden (ebd.):

$$Amortisationsdauer = \frac{Kapitaleinsatz}{\emptyset\ Einzahlungsüberschuss}$$

3.1.6 Kumulationsmethode

Wenn die Summen der jährlichen Gewinnzahlungen über mehrere Perioden hinweg nicht konstant sind oder die Abschreibungsbeträge nicht linear ermittelt wurden, ist es sinnvoll, die Kumulationsmethode zur Ermittlung der Amortisationsdauer zu nutzen. Die jährlichen Einzahlungsüberschüsse werden dabei solange aufaddiert, bis die Höhe der Anschaffungskosten erreicht ist (Mindermann, 2015, S. 11).

Nach der statischen Amortisationsrechnung ist eine Investition umso vorteilhafter, je schneller sich das Investitionsobjekt amortisiert (ebd., S. 10).

Das Verfahren der statischen Amortisationsrechnung beschränkt sich auf die Betrachtung des Zeitraums der Kapitalrückgewinnung und gibt keinen Aufschluss über die Rentabilität einer Investition. Sinnvoll ist dieses Verfahren in jedem Fall als Aspekt der Risikobeurteilung von Investitionen, weil eine längere Amortisationszeit immer auch ein höheres Risiko darstellt (Schulte, 2007, S. 77).

3.2 Dynamische Verfahren

Die dynamischen Verfahren sind genauer als die statischen Verfahren, da diese auch Zinseszinseffekte des investierten Kapitals berücksichtigen. Hierbei wird sich nicht nur auf die Betrachtung einer Periode unter Verwendung durchschnittlicher Kennzahlen beschränkt, sondern die gesamte Länge der Nutzungsdauer eines Anlagegutes wird in die Beurteilung mit einbezogen (Schulte, 2007, S. 79).

Man unterscheidet die Beurteilungsmöglichkeiten der dynamischen Rechenverfahren aufgrund ihrer Vorteilhaftigkeit. So untersucht man einzelne Investitionsobjekte auf ihre absolute Vorteilhaftigkeit, während mehrere Alternativobjekte auf ihre relative Vorteilhaftigkeit untereinander untersucht werden.

Im Einzelnen handelt es sich bei den dynamischen Investitionsrechenverfahren um die Kapitalwertmethode, die Endwertmethode, die Annuitätenrechnung, die interne Zinsfußmethode und die dynamische Amortisationsrechnung. Diese Verfahren werden in den untenstehenden Kapiteln dargestellt und erläutert.

3.2.1 Kapitalwertmethode

Die Kapitalwertmethode zählt zu den so genannten Vermögenswertmethoden (Schulte, 2007, S. 79). Diese Methode ermittelt den Kapitalwert einer Investition als Summe aller abgezinsten Werte der voraussichtlichen Ein- und Auszahlungen (Mindermann, 2015, S. 33). Die Abzinsung erfolgt dabei in Bezug auf den gegenwärtigen Zeitpunkt t = 0 (ter Horst, 2009, S.55). Zusammengefasst ergibt sich demnach folgende Formel (Mindermann, 2015, S. 33):

$$C_0 = \sum_{t=0}^{n} \frac{E_t - A_t}{(1+i)^t}$$

C_0 = Kapitalwert

E = Einzahlungen

A = Auszahlungen

i = Kalkulationszinssatz

t = Jahresindex

n = Laufzeit

Mit der Kapitalwertmethode kann entweder die absolute Vorteilhaftigkeit einer einzelnen Investition oder die relative Vorteilhaftigkeit mehrerer zu vergleichender Investitionsalternativen anhand der Höhe des Kapitalwertes gemessen werden. Die Investition wird dabei stets mit einem festen Kalkulationszinssatz verzinst (ebd., S. 33f).

Die absolute Vorteilhaftigkeit einer einzelnen Investition kann anhand eines positiven oder negativen Kapitalwerts beurteilt werden. So ist eine Investition nur dann absolut vorteilhaft, wenn das Kapital größer als null ist. Umgekehrt liegt eine aus wissenschaftlicher Sichtweise unvorteilhafte Investitionsalternative vor, wenn der Kapitalwert kleiner als null ist. Keine Entscheidung über die absolute Vorteilhaftigkeit einer einzelnen Investition kann bei einem Kapitalwert gleich null getroffen werden (ebd., S.34).

Problematisch bei der Kapitalwertmethode ist, dass die Daten, auf denen die Berechnungen dieses Verfahren beruhen, auf prognostizierten Werten basieren, was zu Ungenauigkeiten beim Ergebnis führen kann. Als potenzieller Störfaktor muss zusätzlich beachtet werden, dass bei der Kapitalwertmethode ein kontinuierlicher, zur Verfügung stehender Kalkulationszinssatz angenommen wird. Das muss in der Realität nicht zwingend der Fall sein (ter Horst, 2009, S. 67).

3.2.2 Endwertmethode

Die Endwertmethode gehört ebenfalls zu den Vermögenswertmethoden. Bei dieser Methode werden alle das Investitionsobjekt betreffenden Ein- und Auszahlungen auf den Zeitpunkt des Endes der Nutzungsdauer aufgezinst (Schulte, 2007, S. 86), um so den erwarteten Vermögenszuwachs einer Investition zu messen (ter Horst, 2009, S. 47).

Zur Anwendung der Methode wird dementsprechend folgende Formel genutzt (Mindermann, 2015, S. 38):

$$C_n = \sum_{t=0}^{n} (E_t - A_t) \; x \; (1 + i)^{n-t}$$

C$_n$ = Kapitalwert
E = Einzahlungen
A = Auszahlungen
i = Kalkulationszinssatz
t = Jahresindex
n = Laufzeit

Die absolute Vorteilhaftigkeit einer Investition oder die relative Vorteilhaftigkeit mehrerer alternativen Investitionsoptionen sind identisch wie bei der Kapitalwertmethode zu beurteilen. Dabei zeigt ein positiver bzw. negativer Kapitalwert an, ob die Investition auf Grund von höheren Zinsen als der Kalkulationszinssatz vorteilhaft oder umgekehrt unvorteilhaft ist. Genauso ist bei der Beurteilung mehrerer Investitionsalternativen die Alternative mit dem höchsten Endwert die relativ Vorteilhafteste (ebd.).

Da die Endwertmethode die gleiche Verfahrenstechnik wie die Kapitalwertmethode besitzt, gelten auch hier die gleichen Fallstricke (ter Horst, 2009, S. 54). So stellen falsch prognostizierte Zahlen ein Problem dar und können zu Fehlentscheidungen führen.

3.2.3 Annuitätenrechnung

Eine Annuität stellt den faktischen Betrag dar, der dem Investor am Ende eines Jahres zur Entnahme zur Verfügung steht (Schulte, 2007, S. 103).

Bei der Annuitätenrechnung spielt die Einkommensmaximierung als Investitionsziel die entscheidende Rolle. Die Annuität stellt den Betrag dar, der durchschnittlich pro Periode über die kalkulatorische Kosten hinaus ausgewiesen wird (Mindermann, 2015, S. 39).

Der Kapitalwert einer Zahlungsreihe entspricht bei dieser Methode stets dem Kapitalwert der ursprünglichen Zahlungsreihe, während die Zahlungen der einzelnen Reihen in ihrer Höhe sowie ihren zeitlichen Abständen identisch sind (ebd.). Dabei wird der Betrag der Annuität aus dem vorhandenen Kapitalwert rechnerisch ermittelt (Gondring, 2013, S. 657).

Zur Berechnung der Annuität wird folgende Formel angewendet (Mindermann, 2015, S. 40):

$$AN = \sum_{t=0}^{n} \frac{E_t - A_t}{(1 + i)^t} \; x \; \frac{i \; x \; (1 + i)^n}{(1 + i)^n - 1}$$

AN = Annuität

E = Einzahlungen

A = Auszahlungen

i = Kalkulationszinssatz

t = Jahresindex

n = Laufzeit

Auf Grundlage dieser Formel verhält es sich also so, dass zunächst der Kapitalwert der ursprünglichen Zahlungsreihe ermittelt wird, um diesen dann in eine gleich bleibende Annuität umzurechnen (ebd.).

Liegt eine positive Annuität vor, so ist die Verzinsung des Investitionskapitals größer als der Kalkulationszinsfuß und die Investition somit vorteilhaft. Bei negativer Annuität verhält es sich demnach genau umgekehrt, was zu einer unvorteilhaften Investition führt. Vorteilhaft ist eine Investitionsmöglichkeit gegenüber einer anderen, wenn diese die höhere Annuität aufweist (ebd.).

Kritisch zu sehen ist auch hier wieder die Herkunft der zu Grunde gelegten Daten, da diese nur prognostiziert werden können. Außerdem ist die Annuitätenrechnung nur dann als Entscheidungsgrundlage geeignet, sofern für die Investitionsobjekte identische Nutzungszeiträume vorliegen (Schulte, 2007, S. 108).

3.2.4 Interne Zinsfußmethode

Die interne Zinsfußmethode hebt sich von den bisher erläuterten Verfahren insofern ab, da sie, wie auch die (statische) Rentabilitätsrechnung einen Bezug des eingesetzten Kapitals zu dem Nutzen der Investition herstellt (ter Horst, 2009, S. 82).

Dabei wird in Form des internen Zinsfußes ein Zinssatz zu Grunde gelegt, der einen Kapitalwert von null aufweist (ebd.). Voraussetzung dafür ist, dass die Gesamtheit der Einzahlungen einer Investition der Gesamtheit der Auszahlungen eben dieser entspricht. Auf dieser Basis wird die untenstehende Formel angewandt (Mindermann, 2015, S. 43):

$$C_0 = \sum_{t=0}^{n} (Et_t - A_t) \, x \, (1+i)^{-t} = 0$$

C_0 = Kapitalwert
E_t = Einzahlungen
A = Auszahlungen
i = Kalkulationszinssatz
t = Jahresindex
n = Laufzeit

Da hierbei eine Gleichung n-ten Grades vorliegt, gestaltet sich das Auflösen dieser Formel schwierig. In der Praxis wird deshalb häufig auf das Verfahren der linearen Interpolation zurückgegriffen. Man geht hierbei schrittweise vor, indem man als erstes für unterschiedliche Zinssätze die jeweiligen Kapitalwerte ermittelt, um aus diesen im nächsten Schritt einen Zinssatz mit positiven Kapitalwerten und einen Zinssatz mit negativen Kapitalwerten auszuwählen. Da der interne Zinsfuß die Nullstelle der Kapitalwertfunktion angibt, wird dieser auf diese Weise näherungsweise ermittelt. Die Interpolation des internen Zinsfußes wird mit Hilfe folgender Formel durchgeführt (ebd., S. 44):

$$i_0 = i_1 - C_{01} x \frac{i_2 - i_1}{C_{02} - C_{01}}$$

i_0 = interner Zinsfuß
$i_{1,2}$ = Kalkulationszinssatz
$C_{01,02}$ = Kapitalwert

Die Beurteilung der absoluten Vorteilhaftigkeit einer Investition auf Grundlage der internen Zinsfußmethode funktioniert durch den Vergleich des internen Zinsfußes mit dem Kalkulationszinsfuß (ter Horst, 2009, S. 93).

So ist eine einzeln betrachtete Investition vorteilhaft, wenn der interne Zinsfuß größer als der Kalkulationszinsfuß ist. Bei umgekehrten Parametern wäre eine Investition absolut unvorteilhaft. Die Grundlage zur Beurteilung der relativen Vorteilhaftigkeit bildet die Situation, dass das Investitionsprojekt mit dem höchsten internen Zinsfuß zu realisieren ist unter der Prämisse, dass der interne Zinsfuß höher als der Kalkulationszinssatz ist (Mindermann, 2015, S. 45).

Ein Problem bei der Verwendung der internen Zinsfußmethode ist, dass im Falle von mehreren Planungsperioden Zahlungsreihen vorhanden sein können, die entweder gar keinen internen Zinsfuß oder mehrere Zinsfüße besitzen. Die Beurteilung der Investition wird dadurch gefährdet (Gondring, 2013, S. 657).

3.2.5 Dynamische Amortisationsrechnung

Analog zu der statischen Variante stellt auch die dynamische Amortisationsrechnung, die den Zeitraum abbildet, in dem die Investitionskosten zurückgeflossen sind, die entscheidende Rolle. Den Unterschied zur statischen Amortisationsrechnung bildet dabei die Möglichkeit zur Berücksichtigung der Zinseffekte einer Investition (ter Horst, 2009, S. 77ff).

Man spricht im Rahmen der dynamischen Amortisationsrechnung auch von der Suche nach dem Break-Even-Point, also dem Punkt, an dem der Barwert der Zahlungsüberschüsse und der Anschaffungskosten sich decken. Dabei gilt (Mindermann, 2015, S. 50):

$$A_0 - \sum_{t=1}^{n} Z\ddot{U}_t \; x \; (1 + i)^{-t} = C_0 = 0$$

A_0 = Anschaffungskosten
$Z\ddot{U}$ = Zahlungsüberschuss
i = Kalkulationszinssatz
C_0 = Kapitalwert
t = Jahresindex
n = Laufzeit

Ähnlich der Funktionsweise der internen Zinsfußmethode wird hier die Verfahrensweise der linearen Interpolation in Bezug auf die Nutzungsdauer eines Investitionsobjektes angewendet, um einen Kapitalwert von null zu erhalten. Bei mehreren Anschaffungsauszahlungen innerhalb einer Investitionslaufzeit müssen alle erwarteten Anschaffungskosten in der Berechnung Anwendung finden. Für diesen Fall wäre folgende Anpassung der Formel notwendig (ebd.):

$$\sum_{t=0}^{n} \frac{E_t - A_t}{(1 + i)^t} = C_0 = 0$$

E = Einzahlungen
A = Auszahlungen
i = Kalkulationszinssatz
C_0 = Kapitalwert
n = Laufzeit
t = Jahresindex

Die Beurteilung der absoluten oder relativen Vorteilhaftigkeit von Investitionsobjekten ist in diesem Fall nur möglich, wenn die Amortisationsdauer kleiner als die Gesamtlaufzeit der Investition ist. Relativ am vorteilhaftesten ist die Investition mit der kürzesten Amortisationsdauer (ebd., S. 50f).

Die dynamische Amortisationsrechnung bietet sich in erster Linie als Instrument zur Beurteilung von Risiken einer Investition an. So geht man davon aus, dass das Risiko der Amortisation der Anschaffungskosten mit zunehmender Amortisationsdauer größer wird (Schulte, 2007, S. 121).

3.3 Begründete Festlegung des Rechenverfahrens

Das Kernthema dieser Bachelorarbeit dreht sich um die Frage, ob es zum gegenwärtigen Zeitpunkt für einen Investor rentabel ist, Geld in Wohnimmobilien zu investieren. Es geht also darum, ob Wohnimmobilien sich als Anlagegut zur Renditeerzielung eignen oder nicht.

Wie aus den vorausgegangen Darstellungen der einzelnen Verfahren hervorgeht, sticht die Rentabilitätsrechnung durch den entscheidenden Vorteil hervor, dass dabei das eingesetzte Kapital ins Verhältnis zu den Geldrückflüssen gesetzt wird. Das ermöglicht dem Investor einen direkten Überblick über die zu erzielenden Renditen.

Der dargestellte Nachteil, dass beim Vergleich von mehreren Investitionsalternativen die Rentabilitätsrechnung nicht die Unterschiede der Kaufpreishöhen berücksichtigt und aufgrund Ihrer periodischen Betrachtungsweise mögliche Risiken im späteren Verlauf außen vor lässt, ist insoweit nicht ausschlagend. Es geht zunächst ausschließlich darum zu beurteilen, ob eine Investition in der jetzigen Marktsituation sinnvoll ist.

Dabei bietet sich besonders die Berechnung der Bruttorentabilität an. Mit ihr kann sichtbar gemacht werden, welche Auswirkungen das aktuelle Zinsniveau auf eine Entscheidung hin zur Investition haben kann. Von einer Investition ist demnach abzusehen, wenn die zu zahlenden Zinsen die Rentabilität dieser Investition in Frage stellen.

4 Marktdatenauswertung Frankfurt am Main

Zur Anwendung des festgelegten Rechenverfahrens ist es notwendig, den in Betracht gezogenen Investitionsstandort genau zu kennen, um mögliche regionale Besonderheiten in die Auswertung der Investitionsrechnungen mit einfließen zu lassen. Zu diesem Zweck wird in diesem Kapitel zunächst ein kurzes Profil der Stadt Frankfurt sowie die Entwicklungen auf dem örtlichen Immobilienmarkt mit dazugehörigen Kennzahlen zwischen den Jahren 2011 bis 2015 dargestellt. Nach einem expliziten Eingehen auf abweichende Entwicklungen in einzelnen Stadtteilen und der Darstellung externer Einflussfaktoren des Immobilienmarktes, erfolgt abschließend eine Analyse der aktuellen Ausgangssituation.

4.1 Der Standort Frankfurt am Main

Durch seine zentrale Lage in der Mitte Europas ist Frankfurt am Main nicht nur wichtiger Verkehrsknotenpunkt, sondern auch Sitz internationaler Konzerne und wichtiger Messestandort. Frankfurt ist auch das Finanzzentrum Kontinentaleuropas, was durch die Ansässigkeit der Europäischen Zentralbank verdeutlicht wird. Mit knapp 700.000 Einwohnern ist Frankfurt die fünftgrößte Stadt Deutschlands und das Herz der ca. sechs Millionen umfassenden Metropolregion Rhein-Main (Thomas Daily, 2015, S. 4).

Der Frankfurter Immobilienmarkt zeichnet sich durch seine einzigartige Mischung von verschiedenen Gebäudetypen, Nutzungsarten und Anlagestrukturen aus. Der Anteil ausländischer Investoren an Frankfurter Immobilien ist der höchste Europas (ebd.).

Die Preise für Wohnimmobilien in Frankfurt gehören zu den Höchsten deutschlandweit und begründen sich unter anderem auf dem Ungleichgewicht von Wohnraumangebot und – nachfrage (Thomas Daily, 2015, S. 5).

4.2 Preisentwicklung

Dieses Kapitel betrachtet die Preisentwicklung auf dem Frankfurter Wohnungsmarkt innerhalb der Jahre 2011 bis 2015. Untersucht werden sowohl die Kaufpreise für Wohneigentum sowie die parallele Entwicklung der Mietpreise im gleichen Zeitraum unter Berücksichtigung der allgemeinen wirtschaftlichen Situation und externer Einflussfaktoren. Die Zugrundelegung eines Betrachtungszeitraums von 5 Jahren begründet sich mit der Repräsentativität einer derartigen Marktanalyse. Ein kürzerer Zeitraum wäre nicht repräsentativ genug, da externe Faktoren das Marktgeschehen kurzeitig beeinflussen können und so die tatsächliche Entwicklung verfälscht werden kann. Die Jahre 2011 bis 2015 wurden gewählt, weil es um die Preisentwicklung bis hin zur aktuellen Ausgangslange geht, die so abgeleitet werden kann.

Eine besonders aussagekräftige Quelle sind dabei die gemeinsamen Ausführungen der IHK Frankfurt am Main und der Frankfurter Immobilienbörse. Zahlreiche namhafte Immobilienunternehmen haben bei der Erstellung der gemeinsamen Marktberichte mitgewirkt und dieser Quelle somit eine fundierte Grundlage gegeben.

4.2.1 Immobilienmarktentwicklung 2011 bis 2015

Mit der Eurokrise im Jahre 2010 ging das Vertrauen der Anleger in die Banken und in die allgemeine wirtschaftliche Entwicklung verloren. Dadurch waren viele Anleger auch im Jahr 2011 noch verunsichert. Trotz einer Erholung der deutschen Wirtschaft rückten Immobilien gegenüber anderen risikobehafteten Anlageformen immer mehr in den Fokus (Jones Lang LaSalle, 2012, S.2), da diese wertstabile Anlagemöglichkeiten darstellten (IHK & Frankfurter Immobilienbörse, 2011, S. 7).

Die Finanzierungsbereitschaft der Banken war zu diesem Zeitpunkt allerdings aufgrund der vorausgegangenen Krise noch stark eingeschränkt, weshalb Immobilieninvestitionen trotz einer für Investoren vorteilhaften, niedrigen Zinssituation noch nicht ihr volles Ausmaß erreichen konnten (ebd.).

Die Kaufpreise für Wohneigentum im Ballungsraum Frankfurt am Main befinden sich bereits seit 2011 auf einem hohen Niveau. Besonders beliebt sind dabei kleine Wohneinheiten, die aufgrund der hohen Nachfrage jedoch überdurchschnittlich teuer sind. Trotz einiger Neubauprojekte überstieg die Nachfrage zu dieser Zeit schon bei weitem das Angebot, was vor allem in besonders begehrten innenstadtnahen Wohnlagen als Preistreiber wirkte (ebd.).

Ein Trend, der bereits vor 2011 zu beobachten war, ist die Reurbanisierungsbewegung (Jones Lang LaSalle, 2012, S. 3). Die Menschen verlagern ihre Lebensmittelpunkte bewusst wieder in die Städte. Galt früher das Haus im Grünen als Wunsch vieler junger Familien, so stehen heute Annehmlichkeiten, wie eine optimale Verkehrsanbindung, ein gute Nahversorgung und eine ortsnahe soziale Infrastruktur mit Kindergärten, Schulen u. ä. im Vordergrund.

Parallel zu den Kaufpreisen steigen seit 2011 auch die Mietpreise vor allem in den begehrten Wohnlagen rund um die Innenstadt (Corpus Sireo, 2012, S.8). Auffällig ist dabei, dass der Preisanstieg in diesen Gebieten deutlich höher ausfällt als bei einzelnen Luxusobjekten in Frankfurter Nobelvierteln. Ein Nachfrageüberhang besteht vor allem bei günstigen Mietwohnungen (IHK & Frankfurter Immobilienbörse, 2011, S. 6).

Da der Wohnungsbestand im Verhältnis zu der sinkenden Leerstandsquote nur schleppend zunimmt, war ein Engpass auf dem Frankfurter Immobilienmarkt bereits 2011 absehbar.

Das beschriebene hohe Kauf- und Mietpreisniveau setzte sich auch in den Folgejahren fort. Ein entscheidender Faktor dafür war der überdurchschnittlich hohe Anteil an hochwertigem Wohnungsbau, der vor allem in innenstadtnahen Bezirken für eine Anhebung des allgemeinen Preisdurchschnitt sorgte (Jones Lang LaSalle, 2013, S. 4).

Während 2011 noch verhältnismäßig günstige Wohnungen im Osten und Westen der Stadt zu finden waren, änderte sich die Situation in der folgenden Zeit dort ebenfalls zunehmend. Grund dafür waren u. a. der Zuzug der Europäischen Zentralbank im Osten der Stadt sowie die damit verbundenen Stadterneuerungsmaßnahmen in der Umgebung (Jones Lang LaSalle, 2013, S. 6).

Trotz zunehmender Bautätigkeit konnte das Angebot an Eigentums- und Mietwohnungen die überproportionale Nachfrage auch im weiteren Verlauf nicht stillen (IHK & Frankfurter Immobilienbörse, 2012, S. 8).

Eine gelockerte Finanzierungsbereitschaft der Banken war bereits im Jahr 2012 zu beobachten, während der Abwärtstrend des Zinsniveaus sich fortsetzte (ebd., S. 10).

Das Wirtschaftswachstum fiel 2012 etwas schwächer aus als im Vorjahr, unterdessen sich die Einkommen der Bevölkerung nur sehr schwach an die Verteuerungen auf den Märkten anpassten (Jones Lang LaSalle, 2013, S. 2).

2012 wurde erstmals die 700.000-Einwohnergrenze der Stadt Frankfurt überschritten. Gleichzeitig sank die Leerstandsquote von Wohnimmobilien im Stadtgebiet erstmals unter die historische 2%-Marke, was den nahenden Wohnraummangel verdeutlichte. So lag die Fertigstellung neuer Wohnungen zu diesem Zeitpunkt ein Drittel unter dem eigentlichen Bedarf (Jones Lang LaSalle, 2013, S. 8).

Festzustellen ist vor allem, dass die Kaufpreise zu diesem Zeitpunkt deutlich stärker stiegen als die Mieten (ebd., S. 6).

Die schwache Konjunkturentwicklung hielt auch 2013 noch an. Problematisch war vor allem, dass die Einkommen der Arbeitnehmer im Vergleich zum Vorjahr sogar sanken (Jones Lang LaSalle, 2014, S. 2).

Zusammen mit dem Ungleichgewicht von Kauf- und Mietpreisen, das sich 2013 schwerpunktmäßig durch verlangsamtes Mietpreiswachstum in teuren Innenstadtlagen fortsetzte (ebd., S. 6), bestand zu diesem Zeitpunkt bei anhaltender Entwicklung also die Gefahr der Entstehung einer Preisblase.

Es muss allerdings festgehalten werden, dass das Rhein-Main-Gebiet ein traditionell sehr robuster Wirtschaftsraum ist und somit auch 2013 für Anleger attraktiv war (Corpus Sireo, 2014, S. 8).

Trotz hoher Nachfrage blieben die Mietpreise auch 2014 abgesehen von einigen beliebten innerstädtischen Bezirken, die leichte Steigerungen vorzuweisen hatten, stabil. Eine Ausnahme bildeten dabei nach wie vor Luxusobjekte im oberen Preissegment (IHK & Frankfurter Immobilienbörse, 2014, S. 8).

Es deutete sich allerdings an, dass die Zahlungsbereitschaft der Kunden in diesem Segment langsam an ihre Grenzen stößt, da viele Interessenten mittlerweile den Kauf einer Wohnung der Anmietung vorziehen (Jones Lang LaSalle, 2015, S. 7).

Die Kaufpreise vor allem für renditestarke Eigentumswohnungen stiegen währenddessen weiter, wobei sich mittlerweile ein gewisser Höchststand der Kaufpreise abzeichnete (IHK & Frankfurter Immobilienbörse, 2014, S. 11).

Da das Wirtschaftswachstum 2014 deutlich stärker ausfiel als in den Vorjahren, erhöhten sich auch die Einkommen der Haushalte wieder spürbar stärker, was zu einer Entspannung der gegensätzlichen Entwicklungen führte (Jones Lang LaSalle, 2015, S. 2).

2014 wurde zum ersten Mal der seitens der Stadt prognostizierte Wohnungsbedarf durch Neubauten gedeckt, was aber durch das überdurchschnittlich starke Bevölkerungswachstum trotzdem noch unzureichend war (ebd., S. 5).

Die allgemeine positive wirtschaftliche Lage hielt auch 2015 mit deutlich steigenden Real-
löhnen an (Jones Lang LaSalle, 2016, S. 2), was sich besonders deutlich in Frankfurt als
wichtigem Wirtschaftsstandort niederschlug (Corpus Sireo, 2016, S. 6).

Neu war in diesem Jahr die hohe Anzahl von Flüchtlingen, die in Frankfurt ein neues
Zuhause suchten. Diese Entwicklung ließ das ohnehin steigende Bevölkerungswachstum
deutlich an Dynamik gewinnen, sodass die Grenze von 800.000 Einwohnern wahrscheinlich
schon früher als erwartet erreicht sein wird. Das verschärft den Mangel an günstigem
Wohnraum zunehmend und stellt die Stadtverwaltung vor große Herausforderungen (Jones
Lang LaSalle, 2016, S. 3).

So konnten die Jahre 2013 und 2014 zwar ein sehr hohes Fertigstellungsniveau an Neubau-
quartieren vorweisen, seitdem stagniert die Zahl der Bautätigkeiten jedoch (ebd., S. 5).

Die Mietpreiszuwächse waren im Jahre 2015 hauptsächlich im unteren Preissegment zu
verorten, während das obere Preissegment sogar leichte Abschwächungen zu verzeichnen
hatte (ebd.,S. 7). Diese Entwicklung ist in erster Linie auf das nach wie vor zu geringe
Wohnraumangebot im unteren Preissegment zurückzuführen (IHK & Frankfurter Immobilienbörse, 2015, S. 8).

Die seit November 2015 in Frankfurt in Kraft getretene Mietpreisbremse zeigt bisher keine
Wirkung (Jones Lang LaSalle, 2016, S. 7). Die weitere Entwicklung bleibt abzuwarten,
könnte aber das Problem des Ungleichgewichts von Mietpreisen und Kaufpreisen in Zukunft
verschärfen.

Zum Ende des Jahres 2015 machten Neubauten rund 40 Prozent des zum Kauf an-
gebotenen Wohneigentums aus, was zu einer Dämpfung der Neubaupreise führte, während
die Kaufpreise für Bestandswohnungen verhältnismäßig stärker anstiegen. Insgesamt ist ab
dem Jahr 2015 eine Abschwächung der Steigerungsdynamik von Kaufpreisen festzustellen
(ebd., S. 11), was einer überhitzen Situation in den Innenstadtgebieten vorbeugt.

Es folgt eine Übersicht über die Entwicklung der Kaufpreise und die sich parallel
entwickelnden Mietpreise im Betrachtungszeitraum zwischen den Jahren 2011 bis 2015.
Diese Daten beziehen sich ausschließlich auf die Nettomietpreise von Wohnungen bzw. die
Kaufpreise für Eigentumswohnungen als Durchschnittswerte für das gesamte Stadtgebiet.

	2011	2012	2013	2014	2015	
Mietpreise	10,11	10,29	10,34	10,78	10,95	€ / m²
Kaufpreise	2.544,44	2.644,74	2.728,95	2.960,00	3.345,00	€ / m²

Tabelle 1: Miet- und Kaufpreise zwischen 2011 und 2015 (IHK & Frankfurter Immobilienbörse, 2011-2015)

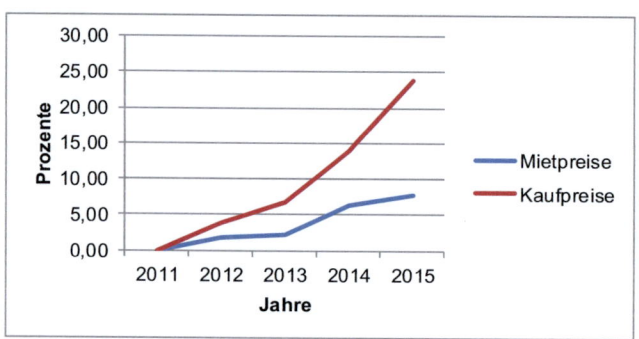

Abbildung 2: Vergleich prozentualer Miet- und Kaufpreisveränderungen (IHK & Frankfurter Immobilienbörse, 2011-2015)

Die im Betrachtungszeitraum zwischen 2011 und 2015 im Vorfeld beschriebene Entwicklung von Kauf- und Mietpreisen zeigt deutlich wie unverhältnismäßig diese ist. Während bei den Mietpreisen nach kurzer Schwächephase ein moderater Aufwärtstrend zu erkennen ist, entwickeln sich die Kaufpreise vor allem seit dem Jahr 2013 rasant. So sind Ende 2015 die Wohnungsmietpreise um ca. 8 Prozent seit 2011 gestiegen, während die Kaufpreise um 24 Prozent zugenommen haben.

Zu beachten ist, dass innerhalb des Betrachtungszeitraums unterschiedlich starke Ent-wicklungen in den jeweiligen Stadtteilen zu beobachten sind. Dementsprechend entwickeln sich bspw. die Preise für Wohnungen im Westhafen in den letzten Jahren sehr stark. Gleiches gilt für das Ostend, das wie bereits erwähnt, von dem Bau der neuen EZB profitiert. Das Europaviertel, bei dem es sich ähnlich verhält, weist die Besonderheit auf, dass Preis-steigerungen hier aufgrund der sehr hohen Anzahl an hochwertigen Neubauten zu be-gründen sind (IHK & Frankfurter Immobilienbörse, 2011-2015).

4.2.2 Entwicklung einzelner Stadtteile

Auf Grund der in 4.2.1 dargestellten abweichenden Entwicklungen in unterschiedlichen Gebieten der Stadt, kristallisiert sich zunehmend heraus, dass die genaue Prüfung des jeweiligen Investitionsstandorts innerhalb des Stadtgebiets an Wichtigkeit gewinnt. Hält die auseinander gehende Entwicklung einzelner Bezirke in Zukunft weiter an, werden auch die realisierbaren Renditen dieser Gebiete immer stärker voneinander abweichen.

In der folgenden Tabelle wird vor diesem Hintergrund eine Übersicht über die Preissituation einzelner Stadtteile im aktuell abgelaufenen Jahr 2015 gegeben. Diese stehen repräsentativ für alternativ vorhandene Investitionsstandorte innerhalb des Stadtgebiets. Die Daten sind aus Veröffentlichungen der Frankfurter Immobilienbörse 2015 entnommen. Die Stadtteile Altstadt, Innenstadt und Bahnhofsviertel wurden dabei ebenso zusammengefasst dargestellt wie die Bezirke Niederrad und Schwanheim. Grund dafür ist die ineinander übergehende Lage sowie ähnliche Preissituationen.

2015	Mietpreise € / m²	Kaufpreise € / m²
Altstadt / Innenstadt / Bahnhofsviertel	12,00	3.900,00
Europaviertel	13,50	4.500,00
Niederrad / Schwanheim	9,00	2.400,00
Nordend	12,50	4.200,00
Ostend	12,00	3.800,00
Riedberg	11,50	3.800,00
Westend	15,50	6.000,00

Tabelle 2: Miet- und Kaufpreise repräsentativer Stadtteile 2015 (IHK & Frankfurter Immobilienbörse, 2015, S. 14ff)

Die Auswahl der oben ausgewählten Stadtteile wurde auf der Grundlage von unterschiedlichen Attraktivitätsparametern wie Zentralität, Entwicklungspotenzial oder Wohnstandard getroffen. Jeder Stadtteil zeichnet sich durch andere spezielle Merkmale aus, die für verschiedene Investoren unterschiedlich interessant sein können.

Das Gebiet rund um Altstadt, Innenstadt und Bahnhofsviertel ist das Herz der Stadt. Hier befinden sich die historische Mitte der Stadt, das Bankenviertel sowie viele wichtige Firmen und Institutionen. Für Investoren ist der Stadtteil besonders interessant, da hier das größte Potenzial liegt. Der Innenstadtbereich ist immer das wichtigste Gebiet einer Stadt. Alle Verkehrsknotenpunkte laufen hier zusammen. Er ist Hotspot für internationale Unternehmen und wohlhabende Personen, die hier Ihren repräsentativen Lebensmittelpunkt haben. Auf Grund der großen Zerstörungen im zweiten Weltkrieg ist das Potenzial, unbeliebte fünfziger Jahre Bauten in renditeträchtige Luxusimmobilien zu verwandeln, groß.

Das Europaviertel zeichnet sich durch seine Nähe zur Innenstadt und der trotzdem völlig autarken Infrastruktur aus. Durch das Skyline Plaza, ein Gebäudekomplex aus Einkaufszentrum, Parkhaus und Fitnessbereich, ist eine unmittelbare Nahversorgung gegeben. Das Europaviertel ist vor einigen Jahren als neuer Stadtteil auf dem Gelände des Frankfurter Güterbahnhofs entstanden und bietet neben einzelnen Bürogebäuden vor allem hochwertigen Wohnraum. Ein Wohnungsaltbestand mit Entwicklungspotenzial und überschaubarem Kapitalbedarf ist an diesem Standort nicht vorhanden. Es handelt sich ausschließlich um großflächige Neubauten, innerhalb derer einzelne Eigentumswohnungen erworben werden können.

Der Bezirk Niederrad / Schwanheim ist vor allem durch die Bürostadt Niederrad geprägt. Hier sollen in den nächsten Jahren auf Wunsch der Stadt vermehrt leerstehende Büroflächen in Wohnraum umgewandelt werden, um so dem nahenden Wohnungsengpass entgegen zu treten. Das bietet Kapitalanlegern den idealen Einstiegszeitpunkt, da in jedem Fall mit steigenden Preisen gerechnet werden kann. Niederrad zeichnet sich durch seine direkte Autobahnanbindung sowie die Nähe zum internationalen Rhein-Main-Flughafen aus.

Das Nordend ist ein klassisches Frankfurter Gründerzeitviertel. Hier dominiert der Altbaubestand der vergangenen Jahrhunderte. Das Nordend grenzt unmittelbar an die Innenstadt und verfügt über eine ausgezeichnete Infrastruktur. Die Immobilienpreise befinden sich in diesem Gebiet bereits auf einem sehr hohen Niveau. Der Wohnungsbestand ist solide und hochwertig und bietet eine beständige Anlageoption.

Wie in den vorherigen Ausführungen bereits erwähnt, profitiert das Ostend sehr stark von dem Bau der Europäischen Zentralbank. So entstehen in dem ehemaligen Arbeiterviertel immer häufiger hochwertige Wohnungsbauten. Attraktiv ist dabei vor allem die Lage am Main, der ein optimales Naherholungsgebiet bietet. Potenzial bietet im Ostend ein häufig veralteter Wohnungsbestand, der durch Aufwertung höhere Renditen erwirtschaften könnte.

Der Riedberg ist neben dem Europaviertel das großflächigste Neubaugebiet der Stadt. Hier wurden auf ehemaligen landwirtschaftlichen Flächen ganze Wohnquartiere neu geschaffen. Der Stadtteil bietet vor allem jungen Familien die Möglichkeit auf ein eigenes Haus innerhalb des Frankfurter Stadtgebiets. Zusätzlich zu dem großflächigen Wohnungsbau wurde auf dem Riedberg der neue Außenstandort der Frankfurter Goethe-Universität errichtet, was weitere Zukunftsimpulse für die Gebietsentwicklung verspricht. Das zu Beginn vergleichsweise günstige Preisniveau in diesem Gebiet wurde in den letzten Jahren allerdings stark angehoben.

Das Westend ist das mit Abstand teuerste Viertel der Stadt Frankfurt. Ähnlich wie im Nordend sind repräsentative Altbauten aus vergangenen Jahrhunderten vorherrschend. Das Westend grenzt ebenfalls direkt an die Innenstadt und bietet somit optimale Nahversorgungsmöglichkeiten. Großzügige Naherholungsgebiete stellen in diesem Bezirk der Palmengarten und der Grüneburgpark dar. Neubauten findet man im Westend wegen des fehlenden Platzangebotes nur vereinzelt und das Entwicklungspotenzial ist dadurch sehr eingeschränkt, zumal die hohen Einstiegspreise die Renditen schmälern.

Betrachtet man die Preisunterschiede der beschriebenen Stadtteile, ist eine Kaufpreisspanne zwischen 2.400 und 6.000 Euro pro Quadratmeter festzustellen. Der Unterschied zwischen den Mietpreisen ist mit 9 Euro in Niederrad / Schwanheim und 15,50 Euro im Westend zwar auch deutlich, jedoch nicht so deutlich wie der Unterschied bei den Kaufpreisen.

4.2.3 Mietpreisbremse

Neben dem beschriebenen Trend, dass sich Kauf- und Mietpreise unterschiedlich stark entwickeln, gibt es auch externe Einflussfaktoren, die diese Entwicklung beeinflussen können. Das können zusätzlich zu dem bereits dargestellten Nachfrageüberhang bspw. auch Eingriffe des Staates sowie eine mangelnde Marktübersicht für Anbieter und Nachfrager sein (Geier & Kraß, 1995, S. 37ff). Einen momentan aktuellen Einflussfaktor, der zu den staatlichen Eingriffen zählt, stellt die Mietpreisbremse dar.

Die so genannte Mietpreisbremse ist eine gesetzliche Regelung, die mit Wirkung zum 01. Juni 2015 in Kraft getreten ist. Sie gilt für Gebiete mit besonders angespanntem Wohnungsmarkt, die von den jeweilig zuständigen Ländern festgelegt werden (Bundesministerium der Justiz und für Verbraucherschutz, 2015).

Auch Frankfurt am Main wird von dieser Regelung erfasst. Eine Ausnahme bilden dabei die Stadtteile Berkersheim, Eckenheim, Harheim und Unterliederbach, deren Wohnungsmarkt nicht als angespannt gilt. Somit ist dort keine gesetzliche Begrenzung der Mietpreise notwendig (Hintermeier, 2016).

Die Mietpreisbremse gibt eine preisliche Obergrenze für die Wiedervermietung von Wohnraum mit maximal zehn Prozent über den ortsüblichen Mieten vor. Dies gilt nur für Wohnungen, die schon vor dem 01. Oktober 2014 in der Vermietung waren, unabhängig von der Begehrtheit des Standortes (Bundesministerium der Justiz und für Verbraucherschutz, 2015).

Neubauwohnungen und grundlegend modernisierte Wohnungen, die nach diesem Datum entstanden sind, betrifft diese gesetzliche Regelung demnach nicht.

Zweck der Mietpreisbremse ist es, exorbitante Preissprünge in besonders begehrten Wohnlagen zu verhindern (ebd.).

Das Deutsche Institut für Wirtschaftsforschung sieht dieses Vorhaben als gescheitert an. Das Institut stellt fest, dass die Ankündigung der Einführung einer Mietpreisbremse dazu geführt hat, dass viele Immobilieneigentümer die Mieten ihres Wohneigentums noch vor der Einführung des Gesetzes deutlich erhöht haben (Wieduwilt & Schäfers, 2016).

Ein Problem dabei ist die fehlende Überprüfbarkeit der Angemessenheit der zu zahlenden Mieten für Wohnungsinteressenten, da das Gesetz u. a. lückenhaft in Bezug auf die Auskunftspflicht des Vermieters über vorherige Mietpreise ist (ebd.).

Des Weiteren macht das Gesetz zur Regulierung der Mietpreise keine Aussagen zu den möglichen Folgen für Vermieter, die sich nicht an die Vorgaben zur Mieterhöhung halten (Hintermeier, 2016).

Zusammenfassend geht die in der aktuellen Presse veröffentlichte Meinung davon aus, dass eine Begrenzung der Mietpreise nicht die Lösung des akuten Wohnungsmangels in begehrten Regionen sein kann, sondern eher verstärkt Anreize für Wohnungsbau gegeben werden müssen (Wieduwilt & Schäfers, 2016).

Die aktuelle Situation, in der einer hohen Wohnraumnachfrage ein geringes Angebot gegenüber steht, wird sich aufgrund des anhaltenden Zuzugs in die Städte verschärfen und ist nur mit dem entsprechenden Bau neuer Wohnungen zu lösen (Hintermeier, 2016).

Schlussfolgend ist also festzuhalten, dass der Versuch, den allgemeinen Trend zur Verteuerung des Wohnungsbestandes in den Metropolregionen zu begrenzen und so bezahlbaren Wohnraum in den Städten zu erhalten, durch die Mietpreisbremse allein nicht durchsetzbar ist.

Für einen potenziellen Investor bedeutet die Mietpreisbremse eine Beschränkung seiner Flexibilität in Bezug auf die Profitsteigerung einer Investition, durch Erhöhung der Mieten nach dem Kauf (Hillemacher, 2016). Das mindert die Attraktivität für einen Investor, der in erster Linie eine rentable Kapitalanlage sucht.

4.3 Aktuelle Ausgangssituation

In einem aktuellen Zeitungsbericht von Thomas Baumgartner, der im März 2016 in der Taunus Zeitung erschienen ist, berichtet der Autor von einem nahenden Engpass auf dem Wohnimmobilienmarkt in der Rhein-Main-Region (Baumgartner, 2016).

Dabei bringt der anhaltende Bau von exklusiven Eigentumswohnungen, mit Quadratmeterpreisen von bis zu 19.000 Euro keine Entlastung für den angespannten Wohnungsmarkt, wie Ira Schaible in einem weiteren Zeitungsbericht beschreibt (Schaible, 2016).

Ebenso unzureichend sind die Maßnahmen der Stadtverwaltung, die bereits seit Jahren neben vereinzelten Neubauprojekten in der Innenstadt und großflächigen Entwicklungen am Stadtrand, bspw. auch die Umnutzung von Büroflächen in Wohnraum fördert (Jones Lang LaSalle, 2012, S. 4).

Als grundsätzliches Problem beschreibt Thomas Baumgartner das Ungleichgewicht von vorhandenen Haushalten und verfügbaren Wohnungen. So gilt seiner Ausführung nach ein Wohnungsmarkt als ausgeglichen, wenn auf 1.000 Haushalte ca. 1.030 Wohnungen fallen. Dieser Wert wird momentan deutlich unterschritten. Als Grund dafür benennt der Verfasser in erster Linie den schleppenden Bau neuer Wohnungen (Baumgartner, 2016).

Der beschriebene Sachverhalt offenbart das in den Ausführungen zur Preisentwicklung zwischen 2011 und 2015 entstandene Ungleichgewicht zwischen Nachfrage und Angebot auf dem Frankfurter Immobilienmarkt. Da das Angebot der Nachfrage auf langfristige Sicht nicht gerecht werden kann, ist aus derzeitiger Sicht kein Ende der Kaufpreissteigerung prognostizierbar.

Die aktuelle erneute Zinssenkung durch die EZB auf den historischen Stand von 0,00 Prozent, fehlende Anlagealternativen und die anhaltend hohe Nachfrage bei nur langsam steigendem Angebot sprechen für einen weiteren Anstieg der Kaufpreise.

Die Rahmenbedingungen für Immobilieninvestitionen bleiben also günstig, sofern eine Investition die abweichenden Entwicklungen der unterschiedlichen Preissegmente und die lokalen Entwicklungsmöglichkeiten berücksichtigt.

5 Angemessenheitsprüfung der Kaufpreise

Nach der Darstellung der Entwicklung der Kauf- und Mietpreise im Ballungsraum Frankfurt erfolgt in diesem Kapitel die konkrete Prüfung der Angemessenheit dieser. Geprüft wird also, ob durch Investition in Wohneigentum eine attraktive Rendite durch die zu erwartenden Mieteinnahmen erzielbar ist. Hierzu werden zunächst die durchschnittlichen Kauf- und Mietpreise der einzelnen Jahre 2011 bis 2015 auf Angemessenheit geprüft. Im Anschluss daran erfolgt eine Prüfung der zuletzt verfügbaren Preise der in 4.2 ausgewählten Stadtteile aufgrund der abweichenden Entwicklungen untereinander. Kapitel 5 schließt mit der Interpretation der Ergebnisse der Angemessenheitsprüfung und bietet so die Grundlage für ein abschließendes Fazit.

5.1 Fiktive Finanzierungssituation

Als Ausgangslage der Angemessenheitsprüfung dient eine fiktive Finanzierungssituation. Hiermit soll eine marktübliche Ausgangssituation abgebildet werden, die es ermöglicht, die Prüfung der Angemessenheit von Kaufpreisen so realistisch wie möglich zu gestalten. Ziel ist es, eine für Investoren plausible Betrachtungssituation zu schaffen, um unter Bezugnahme des tatsächlichen Zinsniveaus eine Handlungsempfehlung als Abschluss dieser Arbeit abzugeben. Demnach wird allen Berechnungen ein Finanzierungsbedarf von 60 Prozent der Kaufpreissumme über einen Finanzierungszeitraum von 10 Jahren zu Grunde gelegt.

Als Finanzierungszinsen der jeweiligen fiktiven Finanzierungssituation dienen die unten dargestellten Effektivzinssätze für Hypothekendarlehen in Deutschland zwischen 2011 und 2016, die im weiteren Verlauf als Kalkulationskosten bei den Rentabilitätsrechnungen Anwendung finden.

	2011	2012	2013	2014	2015	2016
Effektivzins	3,30%	2,70%	2,80%	2,20%	1,70%	1,50%

Tabelle 3: Effektivzinssätze in Deutschland zwischen 2011 und 2016 (Statista, 2016)

Die dargestellten Effektivzinssätze der Jahre 2011 bis 2016 zeigen deutlich den Abwärtstrend dieser auf. Durch die Zinspolitik der EZB, deren Ziel es ist, durch Senkung des Leitzinses die Investitionen sowie die gesamtwirtschaftliche Lage zu stützen, wird das Aufnehmen von Fremdkapital zur Finanzierung von Immobilieninvestitionen immer attraktiver.

5.2 Allgemeine Vorgehensweise

Die in Kapitel 3.3 erfolgte Festlegung des Investitionsrechenverfahrens auf die Rentabilitäts-rechnung dient nun als Grundlage für die nachfolgenden exemplarischen Rechenbeispiele. Es wird also die unter Punkt 3.1.3 dargestellte Bruttorentabilität ermittelt, um eine Aussage über zu erwartende Gewinne einer Investitionsalternative zu treffen. Zu diesem Zweck wird die bekannte Formel angewendet (Mindermann, 2015, S. 9):

$$Bruttorent. = \frac{Gewinn + kalk.\,Zinsen}{\emptyset\ Kapitalbindung}$$

Bei den herangezogenen Kennzahlen handelt es sich um die Durchschnittswerte zwischen 2011 und 2015 des gesamten Frankfurter Stadtgebiets sowie die der einzelnen Stadtteile, die repräsentativ für örtliche abweichende Entwicklungen stehen.

Da die Mietpreise in Euro pro Quadratmeter für einen Monat angegeben sind, wird eine Hochrechnung auf eine jährliche Summe potenzieller Mieteinnahmen vorgenommen. Bei diesen handelt es sich um Nettomieten, das heißt die während der Wohnungsnutzung ent-stehenden Nebenkosten finden hierbei keine Berücksichtigung.

Bei den Kaufpreisen werden ebenfalls Angaben pro Quadratmeter gemacht, sodass diese auf eine durchschnittlich große Wohnung hochgerechnet werden müssen.

Da besonders kleine Wohneinheiten, die nicht größer als 45 m² sind, bis heute bei Kapital-anlegern beliebt sind (Jones Lang LaSalle, 2012, S. 6), wird diese Quadratmeterfläche den Berechnungen zu Grunde gelegt.

Auf dieser Grundlage erfolgt die Ermittlung der Rentabilität der verschiedenen Durchschnitts-werte in vier Schritten:

Schritt 1: Die Summe der jährlichen Mieteinnahmen wird durch Multiplikation des Mietzinses mit der Wohnungsgröße und der Anzahl der Monate eines Jahres ermittelt.

$$Mieteinn.\left[\frac{€}{Jahr}\right] = Mietzins\left[\frac{€}{m^2 x\ Monat}\right] x\ 45m^2\ x\ 12\ Monate$$

Schritt 2: Die Berechnung des Kaufpreises erfolgt, indem der Quadratmeterpreis mit der beispielhaften Quadratmeteranzahl multipliziert wird.

$$Kaufpreis\ [€] = Kaufpreis\ \left[\frac{€}{m^2}\right] x\ 45\ m^2$$

Schritt 3: Auf Grundlage der fiktiven Finanzierungssituation werden die auf den Kaufpreis bezogenen kalkulatorischen Zinsen hergeleitet. So wird der sechzigprozentige Finanzierungsanteil des Kaufpreises mit dem Hypothekenzinssatz des jeweiligen Jahres multipliziert.

$$Kalk.Kosten\ (Gesamt)\ [€] = \frac{Kaufpreis\ [€]\ x\ 60}{100}$$

$$Kalk.Kosten\ \left[\frac{€}{Jahr}\right] = \frac{Kalk.Kosten\ (Gesamt)[€]\ x\ Kalkulationszins}{100}$$

Schritt 4: Die ermittelten Werte der Mieteinnahmen, der Finanzierungskosten und des Kaufpreises werden in die Formel zur Berechnung der Bruttorentabilität eingesetzt.

$$Bruttorent.[\%] = \frac{\left(Mieteinn.\left[\frac{€}{Jahr}\right] + kalk.Zinsen\ \left[\frac{€}{Jahr}\right]\right) x\ 100}{Kaufpreis\ [€]}$$

Abschließend erfolgt die Beurteilung der tatsächlichen Rentabilität der Investitionsalternative. Wie den detaillierten Ausführungen zum Rentabilitätsverfahren zu entnehmen ist, ist eine Investition dann vorteilhaft, wenn ihre Bruttorentabilität größer ist als der Kalkulationszinssatz, während beim Vergleich der Investitionsalternativen untereinander die Alternative mit der höchsten Bruttorentabilität die Vorteilhafteste ist.

5.3 Rechenergebnisse 2011 bis 2015

Im Folgenden werden die Ergebnisse der beispielhaften Rentabilitätsberechnungen mit Zwischenergebnissen dargestellt. Diese wurden auf Grundlage der in 5.2 dargestellten Vorgehensweise ermittelt und beziehen sich auf die durchschnittlichen Miet- und Kaufpreise zwischen 2011 und 2015. Die kalkulatorischen Kosten werden dabei mit Hilfe des Effektivzinssatzes des jeweiligen Jahres, also des Kalkulationszinses, hergeleitet. Auf Grund des Vergleichs verschiedener Perioden miteinander, ist nicht die Höhe der Bruttorentabilität allein zur Beurteilung der Vorteilhaftigkeit geeignet. Es bedarf eines Vergleichs der Differenzen zwischen Bruttorentabilität und Kalkulationszinsfuß des jeweiligen Jahres, um die konkrete Vorteilhaftigkeit der Investitionsalternativen bestimmen zu können.

	jährl. Mieteinnahmen	Kaufpreis	kalk. Kosten	Brutto-rentabilität	Kalkulations-zins
	€ / Jahr	€	€ / Jahr	%	%
2011	5.459,40	114.499,80	2.267,10	6,75	3,30
2012	5.556,60	119.013,30	1.928,02	6,29	2,70
2013	5.583,60	122.802,75	2.063,09	6,23	2,80
2014	5.821,20	133.200,00	1.758,24	5,69	2,20
2015	5.913,00	150.525,00	1.535,36	4,95	1,70

Tabelle 4 : Ergebnisse der Bruttorentabilitätsrechnung für 2011 bis 2015

Beurteilt man die Rentabilität einer Immobilieninvestition anhand der Verfahrensgrundsätze des Rentabilitätsverfahrens, so war diese im Jahr 2011 mit einer durchschnittlichen Bruttorentabilität von 6,75 Prozent eindeutig vorteilhaft, da der Kalkulationszins in Höhe von 3,30 Prozent durch die Rentabilität mit 3,45 Prozent überschritten wurde. Die reinen Finanzierungskosten der Investition wurden somit durch die zu erwartenden Mieteinnahmen gedeckt.

Dieser Trend setzte sich auch 2012 weiter fort. Die im Durchschnitt in Frankfurt erzielbaren Renditen von Wohnimmobilieninvestitionen übertrafen den zu dieser Zeit geltenden Effektiv-zinssatz von 2,70 % um 3,59 Prozent. Zu beachten ist das deutliche Absinken der Effektivzinssätze zwischen 2011 und 2012, das sich auch in den Folgejahren fortsetzte.

2013 war ein Jahr, in dem eine Immobilieninvestition in Frankfurt aus wissenschaftlicher Sichtweise minimal weniger vorteilhaft als im Vorjahr war, da die Bruttorentabilität mit 3,43 Prozent den Kalkulationszinssatz für Fremdkapital weniger deutlich überstieg als in den Jahren zuvor.

In den Jahren 2014 und 2015 war eine Immobilieninvestition in Frankfurter Wohnimmobilien immer noch vorteilhaft, da in beiden Jahren die Bruttorentabilität über dem Kalkulations-zinssatz lag. Während 2014 der Kalkulationszinssatz um 3,49 Prozent übertroffen wurde, lag dieser 2015 allerdings mit nur 3,25 Prozent über der Bruttorentabilität.

Zusammenfassend wird deutlich, dass 2012 die vorteilhafteste Ausgangslage für Immobilieninvestoren in Frankfurt vorlag, da zu diesem Zeitpunkt die Bruttorentabilität den Kalkulationszinssatz mit 3,59 Prozent am deutlichsten überstieg.

Im Vergleich am wenigstens vorteilhaft war eine Investition im Jahr 2015 mit einer Bruttorentabilität von 4,95 Prozent.

5.4 Rechenergebnisse repräsentativer Stadtteile

Die nun folgenden Rechenbeispiele ermitteln die Rentabilität von Investition in Stadtteilen mit unterschiedlichen spezifischen Merkmalen. Als Bezugspunkt dienen dabei die Werte des Jahres 2015, da diese die aktuellsten verifizierten sind. Der Effektivzinssatz des Jahres 2015 in Höhe von 1,70 Prozent fließt hierbei in jede Berechnung mit ein. Die zusammengefassten Gebiete Altstadt / Innenstadt / Bahnhofsviertel sowie Niederrad / Schwanheim werden hier mit u. a. abgekürzt.

2015	jährl. Mieteinnahmen	Kaufpreis	kalk. Kosten	Brutto- rentabilität	Kalkulations- zins
	€ / Jahr	€	€ / Jahr	%	%
Altstadt u.a.	6.480,00	175.500,00	1.790,10	4,71	1,70
Europaviertel	7.290,00	202.500,00	2.065,50	4,62	1,70
Niederrad u.a.	4.860,00	108.000,00	1.101,60	5,52	1,70
Nordend	6.750,00	189.000,00	1.927,80	4,59	1,70
Ostend	6.480,00	171.000,00	1.744,20	4,81	1,70
Riedberg	6.210,00	171.000,00	1.744,20	4,65	1,70
Westend	8.370,00	270.000,00	2.754,00	4,12	1,70

Tabelle 5: Ergebnisse der Bruttorentabilitätsrechnungen repräsentativer Stadtteile

Aus wissenschaftlicher Sicht sind die mit Hilfe der Rentabilitätsrechnungen geprüften Investitionsmöglichkeiten in allen in die Prüfung einbezogenen Stadtgebieten eindeutig vorteilhaft. An allen Standorten wird eine Rendite erwirtschaftet, die die Kalkulationskosten übersteigt und somit eine sich selbst tragende Finanzierung ermöglicht sowie zusätzliche Gewinne für den Investor entstehen lässt.

Am vorteilhaftesten ist eine Investition im Bereich Niederrad / Schwanheim mit einer erzielbaren Rendite von 5,52 Prozent bei einem Kalkulationszinssatz von 1,70 Prozent.

Immer noch vorteilhaft, aber im Vergleich am wenigstens renditeträchtig investiert man aufgrund überdurchschnittlich hoher Kaufpreise im Westend bei einer Rendite von 4,12 Prozent.

5.5 Interpretation der Rechenergebnisse

Auch wenn Immobilien als Anlagegut bereits seit 2011 als risikoarme Alternative zu Wertpapieren, Aktien und anderen Anlageformen gelten, verhält sich die Vorteilhaftigkeit dieser Investitionsart im Verlauf des Betrachtungszeitraums dennoch volatil. So ist eine Investition in Wohnimmobilien in Frankfurt zwar durchgehend vorteilhaft, jedoch schwanken die Differenzen zwischen Bruttorenditen und Kalkulationszinsfuß innerhalb des Betrachtungszeitraums.

Während auf Grund von stark gesunkenen Effektivzinssätzen im Vergleich zum Vorjahr 2012 die Bruttorenditen die Finanzierungskosten sehr deutlich überstiegen, folgte im Jahr darauf eine kurzweilige Verschlechterung dieser Situation. Diese Verschlechterung begründete sich mit einer leichten Anhebung der Finanzierungszinsen in 2013.

Die Kosten zur Finanzierung von Immobilien entwickelten sich im weiteren Verlauf der Jahre 2014 und 2015 zunehmend vorteilhaft für Investoren, sodass 2015 so günstig wie noch nie zuvor finanziert werden konnte. Allerdings waren zum gleichen Zeitpunkt die Kaufpreise für Wohnimmobilien auch so hoch wie noch nie in der Vergangenheit. Gleichzeitig erfuhren die Mietpreise nur eine moderate Steigerung. Das führte dazu, dass sich die Vorteilhaftigkeit, wie erwähnt, in den Jahren nach 2013 volatil verhielt.

Als Folge aus dem überdurchschnittlich starken Ansteigen der Kaufpreise in 2015, bei sich nur moderat entwickelnden Mietpreisen, ist die Vorteilhaftigkeit zu diesem Zeitpunkt unter Einbeziehung des gesamten Betrachtungszeitraum so schlecht wie nie zuvor. Trotzdem blieb auch 2015 eine Immobilieninvestition in relativer Sichtweise vorteilhaft.

Auch wenn die zwischen 2011 und 2015 möglichen Investitionen im Ergebnis alle ertragreich für einen Investor waren, unterscheiden sie sich dennoch in der Höhe Ihrer Erträge nicht unerheblich.

Im Verhältnis zwischen Kosten und Erträgen der Investition fällt auf, dass sich die defizitäre Entwicklung der Kauf- und Mietpreise, wie im Vorfeld beschrieben, in einigen Bezirken besonders deutlich niederschlägt.

Demnach sind am Ende des Betrachtungszeitraums im Jahre 2015 im Bereich Westend die Kaufpreise mit Abstand am höchsten. Zwar zahlt man dort auch die höchsten Mieten, jedoch ergibt sich im Verhältnis der beiden Parameter zueinander lediglich eine Bruttorendite in Höhe von 4,12 Prozent.

Vergleicht man die unterschiedlichen Investitionsmöglichkeiten miteinander wird deutlich, dass die Rentabilität einer Investition im Westend von allen am niedrigsten wäre, obwohl dort die höchsten Kaufpreise zu zahlen sind.

Die mit Abstand höchste Rentabilität weist mit 5,52 Prozent die Investition im Gebiet Niederrad / Schwanheim auf. Die Entscheidung für eine Investition in Immobilien in diesem Gebiet wäre also für einen Investor am wirtschaftlichsten.

Aufbauend auf den durchschnittlichen Preisen zwischen 2011 und 2015, die in Bezug zum gesamten Stadtgebiet stehen, wird nochmals deutlich, wie wichtig eine differenzierte Unter-suchung der Investitionsalternativen ist.

Da einige Stadtteile besonders geprägt von hochwertig errichtenden Neubauten sind und sich in diesem Segment, wie aus den Ausführungen zur Preisentwicklung erkennbar, ein Erreichen der allgemeinen Zahlungsbereitschaft abzeichnet, ist es umso wichtiger, genau zu analysieren, welche Bezirke besonderes Potenzial zur Fortentwicklung besitzen.

6 Zusammenfassende Schlussfolgerung

Bezugnehmend auf die Ausgangsfrage dieser Bachelorarbeit nach der Vorteilhaftigkeit einer Investition in Wohnimmobilien im Ballungsraum Frankfurt werden in den folgenden Abschnitten die Ergebnisse der Untersuchung zusammengetragen. Dazu wird zunächst die aktuelle Gefahr einer Preisblase dargestellt, um darauf aufbauend dann eine abschließende Beurteilung der Angemessenheit der Kaufpreise für Wohnimmobilien im Ballungsraum Frankfurt zu treffen. Des Weiteren wird ein Ausblick über mögliche zukünftige Entwicklungen auf dem Immobilienmarkt gewährt und eine Handlungsempfehlung für potenzielle Investoren gegeben.

6.1 Gefahr einer Preisblase

Auf Grundlage der Kointegrationsanalyse, die zur Erkennung von Preisblasen dient, lässt sich bekanntermaßen eine Aussage über die Entwicklung verschiedener Einflussfaktoren zueinander treffen. Betrachtet man die Kaufpreise für Wohnimmobilien in Frankfurt und setzt sie in Beziehung zu den Mietpreisen oder den Einkommen der Bevölkerung, kann ein Trend abgelesen werden.

Wie bereits ausführlich dargestellt, sind seit 2011 die Kaufpreise prozentual deutlich stärker gestiegen als die Mietpreise. Das Volkseinkommen unterliegt einer Abhängigkeit von der gesamtwirtschaftlichen Entwicklung und ist zwischen 2011 und 2015 insgesamt ebenfalls moderat gestiegen, hat aber zwischenzeitliche Einbußen zu verzeichnen.

Eine erwartete Pendelwirkung, wonach sich bspw. das Verhältnis zwischen Kauf- und Mietpreisen auf langfristige Sicht wieder einpendelt und somit keine Preisblase, sondern eine normale Volatilität vorliegt, bleibt abzuwarten.

Innerhalb des Betrachtungszeitraums zwischen 2011 und 2015 kann man aufgrund der signifikant unterschiedlichen Entwicklung der beiden Parameter eine Überhitzung unterstellen. Es wird allerdings in den Marktberichten der renommierten Maklerhäuser dargestellt, dass zum Ende des Betrachtungszeitraums eine Abschwächung der Steigerungsdynamik bei den Kaufpreisen festzustellen ist (Jones Lang LaSalle, 2016, S. 11).

Dieser Fakt könnte die beschriebene Pendelwirkung der Faktoren darstellen und würde gegen das Bestehen einer Preisblase zum aktuellen Zeitpunkt sprechen.

Unabhängig davon bleibt abzuwarten, wie sich diese Entwicklung im Folgezeitraum fortsetzt. Entscheidend ist dabei, ob die Abschwächung der Steigerungsdynamik von Kaufpreisen nur ein vorübergehendes Phänomen ist oder ob es sich tatsächlich um den Beginn einer Trendwende handelt.

In Bezug auf die Definition einer Preisblase über ihren fundamental begründbaren Wert ist festzuhalten, dass die Kaufpreissteigerung sich vor allem auf die anhaltende Nachfrage in Verbindung mit dem knappen Angebot gründet. Dieses Unverhältnis von Angebot und Nachfrage führt unweigerlich zu steigenden Preisen, was ebenfalls gegen das Bestehen einer Preisblase spricht.

Hierbei ist der überdurchschnittlich hohe Anteil an hochwertigem Wohnungsbau zu beachten, dessen Nachfrage kritisch zu sehen ist, da vor allem günstiger Wohnraum benötigt wird.

Kritisch zu sehen ist ebenfalls die Zinspolitik der EZB, die durch das ständige Absenken des Leitzinses das Entstehen einer Preisblase fördert.

Der Chefvolkswirt der Commerzbank, Jörg Krämer, warnt in diesem Zusammenhang in einem Zeitungsartikel in der Taunus Zeitung, der im März 2016 erschienen ist, vor den Folgen des billigen Geldes. Auf diese Weise wird, nach Aussage Krämers, einem breitem Personenkreis die Option gegeben, über Ihre realen Möglichkeiten hinaus, zu günstigen Konditionen geliehenes Geld in teure Immobilien zu investieren (dpa, 2016).

6.2 Angemessenheit der Kaufpreise

Auf Grundlage der interpretierten Ergebnisse der unterschiedlichen Rechenbeispiele wird deutlich, dass eine differenzierte Betrachtung der Investitionsalternativen zunehmend an Wichtigkeit gewinnt. Es kann eindeutig festgehalten werden, dass eine Investition in Wohnimmobilien im Ballungsraum Frankfurt unter Bezugnahme auf verschiedene Parameter nach wie vor vorteilhaft für Kapitalanleger ist. Diese Vorteilhaftigkeit unterscheidet sich mittlerweile allerdings stark in den einzelnen Stadtteilen.

Für einen Immobilieninvestor kann es zwei rationale Gründe für eine Investitionsentscheidung geben. Entweder die Immobilie wird als Anlagegut im Gesamtzusammenhang mit anderen Anlagegütern wie Aktien, Wertpapieren u. ä. gesehen oder eine Investition erfolgt unter dem Gesichtspunkt der sicheren Wertanlage.

Die Immobilie als alternative Anlageform zu anderen Rendite bringenden Anlageformen ist aus wissenschaftlicher Sicht nur dann interessant, wenn die Finanzierungskosten durch die Mieteinnahmen gedeckt werden. Diese Feststellung erfolgt auf Grundlage der Brutto-rentabilitätsrechnung.

Ist die sichere Wertanlage der ausschlaggebende Faktor, so spielen die in dieser Arbeit verglichenen Bruttorenditen nicht die entscheidende Rolle. Entscheidender ist mit Bezug zum Kernthema dieser Bachelorarbeit die Frage nach der Vorteilhaftigkeit einer Investition in Wohnimmobilien als Kapitalanlage unter Berücksichtigung der aktuellen Zinssituation.

Festzuhalten ist, dass auf Grund des extremen Kaufpreisanstiegs bei sich nur moderat entwickelnden Mietpreisen eine Tendenz zur Verschlechterung der Rentabilität im Verlauf des Betrachtungszeitraums erkennbar ist.

Zum jetzigen Zeitpunkt wird diese allerdings durch das historisch niedrige Zinsniveau aus-geglichen, sodass eine Investition in Wohnimmobilien nach wie vor eine der ertragreichsten Anlageformen sein kann.

Beachtet werden müssen dabei allerdings nicht nur die Unterschiede in der Entwicklung von Kauf- und Mietpreisen, sondern auch die abweichende Entwicklung einzelner Stadtteile im Frankfurter Stadtgebiet.

Der dargestellte hohe Anteil sehr hochwertiger Wohnimmobilien, der in einigen Stadtteilen besonders häufig zu finden ist, ist dabei als Anlageoption kritisch zu sehen.

Am sinnvollsten wäre demnach eine Investition in einem Stadtgebiet, in dem die Kaufpreise noch verhältnismäßig günstig sind und so Potenzial zur Wertsteigerung bieten. Wie den Rechenergebnissen repräsentativer Stadtteile zu entnehmen ist, stechen dabei Stadtteile heraus, deren Aufwertung bereits für die nächsten Jahre absehbar ist. Luxusobjekte in teuren Stadtteilen bürgen dagegen die Gefahr, dass die Nachfrage nach diesen in den nächsten Jahren nachlassen wird und somit auch die Renditen sinken werden.

6.3 Ausblick

Ausgelöst durch die Finanzkrise nimmt die EZB seit einigen Jahren nicht mehr vorrangig geldpolitische Aufgaben wahr, um für ausreichende Liquidität im Markt zu sorgen, sondern versucht darüber hinaus durch ihre Zinspolitik, direkt steuernd einzugreifen, um die Wirtschaft allgemein zu stützen. Insbesondere soll, solange keine Inflationsgefahr droht, die Nachfrage durch zinsgünstige Kredite belebt werden. Diese Niedrigzinspolitik wirkt sich natürlich nicht nur in einem gesteigerten Konsumverhalten aus, sondern fördert auch die Aufnahme von Immobilienkrediten und verstärkt so insbesondere die Nachfrage nach Wohneigentum. Insofern diese Maßnahme bisher keine ausreichend nachhaltige Wirkung in der Immobilienwirtschaft gezeigt hat, ist davon auszugehen, dass der eingeschlagene Weg der Niedrigzinspolitik auch die kommenden Jahre noch fortgesetzt wird. Dadurch ist auf Grund einer anhaltenden Nachfrage ein entsprechendes Potenzial bei Immobilienanlagen zu erwarten.

Durch die aktuellste Leitzinssenkung der Europäischen Zentralbank auf den historisch einmaligen Wert von 0,00 Prozent, bietet sich für die Kapitalanleger die Chance, so günstig wie nie zuvor den Kauf von Immobilien mit Hilfe von Fremdkapital zu finanzieren. Das Finanzierungsniveau kann demzufolge für Investoren nicht attraktiver sein, als es momentan der Fall ist.

Fakt ist außerdem, dass die Frankfurter Stadtbevölkerung in den nächsten Jahren weiter zunehmen wird und mit ihr auch die Nachfrage nach Wohnraum. Das wiederum führt zu einer unumgänglichen Steigerung der Nachfrage und damit der Kaufpreise. Die Kaufpreise für Wohnimmobilien in Frankfurt werden erst dann sinken, wenn die Nachfrage abnimmt.

6.4 Handlungsempfehlung

Auf Grund der dargestellten Ergebnisse dieser Bachelorarbeit und der zu erwartenden zukünftigen Entwicklung ist eine Investition in Wohnimmobilien im Ballungsraum Frankfurt unter Berücksichtigung der dargestellten Faktoren tendenziell zu empfehlen. Auch wenn zum jetzigen Zeitpunkt alle Investitionsstandorte vorteilhafte Renditen aufweisen, sollte dabei auch die Zukunftsfähigkeit dieser Renditen Beachtung finden. Zu empfehlen ist ein Kauf im unteren Preissegment eines Stadtteils mit Entwicklungspotenzial, wie es beispielsweise für Niederrad unterstellt werden kann.

Wichtig beim Kauf einer Wohnimmobilie als Renditeobjekt ist auch, keine ungerechtfertigt hohen Preise zu zahlen. Der Interessent muss durch detaillierte Recherche ein Gefühl für das ortsübliche Kostenniveau bekommen, um das Preisleistungsverhältnis einer potenziellen Immobilieninvestition einschätzen zu können. Hilfreich ist dabei die Einschätzung der finanzierenden Bank. Diese verfügt i. d. R. über eine gute Marktübersicht und kann dadurch einschätzen, ob ein Kaufpreis gerechtfertigt ist (Hillemacher, 2016).

Einen weiteren Faktor, der beim Kauf einer Immobilie generell zu beachten ist, stellt der Finanzierungszeitraum dar. Die Profitabilität einer Immobilieninvestition schlägt sich nämlich besonders in den Mieteinnahmen als Einnahmequelle nach Ablauf des Finanzierungszeitraums nieder (ebd.).

Da die aktuell niedrigen Zinsen die Gefahr bürgen, dass ein Investor über seine realen Möglichkeiten hinaus eine Immobilie finanziert, ist hierbei besondere Vorsicht geboten. Das 2,9-fache des Nettoeinkommens eines Haushalts gilt als realistische Finanzierungssumme (ebd.).

Schlussendlich ist festzuhalten, dass, sofern beim Kauf einer Wohnimmobilie zum Zwecke der Kapitalanlage die Faktoren Standort und Preissegment berücksichtigt werden und die weiteren Rahmenbedingung wie eine realistische Finanzierung sowie das Preisleistungsverhältnis des Kaufpreises Beachtung finden, eine Investition in Wohneigentum eine rentable Alternative zu anderen Anlageformen sein kann.

V Literaturverzeichnis

Baumgartner, Thomas (09.03.2016): In Rhein-Main fehlen bald 155000 Wohnungen: Studie von Allianz und Prognos warnt vor dramatischen Engpässen, in: Taunus Zeitung v. 09.03.2016

Bloss, Michael u. a. (2009): Von der Subprime-Krise zur Finanzkrise: Immobilienblase: Ursachen, Auswirkungen, Handlungsempfehlungen, München: Oldenbourg, 2009

Brauers, Maximilian (2011): Von der Immobilienblase zur Finanzkrise: Ursachen und Folgen von Preisblasen und was die Geldpolitik dagegen tun kann, s.l.: Diplomica Verlag GmbH, 2011

Bundesministerium der Justiz und für Verbraucherschutz (2015): Mietpreisbremse kompakt, https://www.mietpreisbremse.bund.de

Corpus Sireo Makler GmbH (2012): City Report Wohnen: Frankfurt 2011 – Angebot, Preise, Markttrends für die Wohnungsmarktregion
- (2014): City Report Wohnen: Frankfurt 2013 – Angebot, Preise, Markttrends für die Wohnungsmarktregion
- (2016): City Report Wohnen: Frankfurt 2015 – Angebot, Preise, Markttrends für die Wohnungsmarktregion

dpa (14.03.2016): Häuserpreise können explodieren: Commerzbank-Chefvolkswirt warnt vor Immobilien-Blase wegen EZB-Geldschwemme, in: Taunus Zeitung v. 14.03.2016

Fenzl, Thomas (2009): Die Massenpsychologie der Finanzmarktkrise: US-Immobilienblase, Subprime Desaster, Schulden-Bubble und ihre Auswirkungen, Wien u.a.: Springer, 2009

Francke, Hans-Hermann / Rehkugler, Heinz (2011): Immobilienmärkte und Immobilienbewertung, 2. Aufl., München: Franz Vahlen, 2011

Geier, Udo / Kraß Matthias (1995): Eigentumswohnungen als Kapitalanlage: Wohnungsmarktanalyse und Finanzierungsempfehlungen, Wiesbaden: Gabler, 1995

Gondring, Hanspeter (2013): Immobilienwirtschaft: Handbuch für Studium und Praxis, 3. Aufl., München: Verlag Franz Vahlen, 2013

Heri, Erwin, W. (1986): Irrationales rational gesehen: Eine Übersicht über die Theorie der "Bubbles", in: Schweizerische Zeitschrift für Volkswirtschaft und Statisik (1986), S. 163–186

Hillemacher, Monika (15.04.2016): Rendite mit Betongold: So planen Sie Investment in Immobilien richtig - Keine Mondpreise zahlen, in: Taunus Zeitung v. 15.04.2016

Hintermeier, Dieter (02.06.2016): Überflüssiges Gesetz: Mietpreisbremse hat die Hoffnungen für Mieter nicht erfüllt, sagen Experten, in Taunus Zeitung v. 02.06.2016

Industrie- und Handelskammer Frankfurt am Main / Frankfurter Immobilienbörse bei der IHK Frankfurt am Main (Dezember 2011): Wohnungsmarktbericht: Wohnen im IHK-Bezirk Frankfurt am Main
- (Dezember 2012): Wohnungsmarktbericht: Wohnen im IHK-Bezirk Frankfurt am Main
- (Dezember 2013): Wohnungsmarktbericht: Wohnen im IHK-Bezirk Frankfurt am Main
- (Dezember 2014): Wohnungsmarktbericht: Wohnen im IHK-Bezirk Frankfurt am Main
- (Dezember 2015): Wohnungsmarktbericht: Wohnen im IHK-Bezirk Frankfurt am Main

Jones Lang LaSalle GmbH (2012): Residential City Profile: Der Wohnungsmarkt Frankfurt - 2. Halbjahr 2011
- (2013): Residential City Profile: Der Wohnungsmarkt Frankfurt - 2. Halbjahr 2012
- (2014): Residential City Profile: Wohnungsmarkt Frankfurt – Update 2. Halbjahr 2013
- (Februar 2015): Residential City Profile: Frankfurt - 2. Halbjahr 2014
- (Februar 2016): Residential City Profile: Frankfurt - 2. Halbjahr 2015

Mindermann, Torsten (2015): Investitionsrechnung: Grundlagen - Rechenverfahren - Entscheidungen, Berlin: Schmidt, 2015

Schaible, Ira (20.04.2016): Luxus-Wohnen in luftiger Höhe: Hochhäuser bringen keine Entlastung für den Wohnungsmarkt, in: Taunus Zeitung v. 20.04.2016

Schulte, Gerd (2007): Investition: Investitionscontrolling und Investitionsrechnung, 2. Aufl., München: Oldenbourg, 2007

Statista GmbH (2016): Effektivzins für Hypothekendarlehen in Deutschland in den Jahren von 1994 bis 2016, http://de.statista.com/statistik/daten/studie/155740/umfrage/entwicklung-der-hypothekenzinsen-seit-1996/

Stiglitz, J. (1990): Symposium on Bubbles, 1990

ter Horst, Klaus W. (2009): Investition, 2. Aufl., Stuttgart: Kohlhammer, 2009

THOMAS DAILY GmbH (2015): TD 100 Cities Survey 2015: Der Markt für Wohnen, Büro- & Einzelhandelsflächen

Weicher, J. (1977): The Affordability of New Houses, 1977, S. 209–226

Wieduwilt, Hendrik / Schäfers, Manfred (01.06.2016): Wohnungspreis: Neue Zweifel an der Mietpreisbremse, in: Frankfurter Allgemeine Zeitung v. 01.06.2016